小さな会社・お店が知っておきたい

Social Networking Service

# SNSの

## 上手な運用ルールとクレーム対応

田村憲孝
Tamura Noritaka

同文舘出版

## はじめに

「田村さん、エゴサーチしていたらウチの会社の悪口が見つかりました！　ど、どうしましょう⁉」

　はじめまして。2010年よりSNS運用のコンサルタントをしている田村憲孝と申します。どちらかというとクレームや炎上に対するサポートよりも、SNSをいかに活用して自社の情報を広めるか、どうやってうまくユーザーとコミュニケーションを取り続けるのかなど、プロモーション面をメインに企業様や自治体などのお手伝いを日々行なっております。

　しかし、SNSにはトラブルがつきものです。冒頭のセリフは私がSNSのコンサルタントをはじめた頃に、もれなくすべてのクライアント様から聞いたセリフです。当初は私も経験が少なく、慌てて内容を確認し対処法をアドバイスしていたものです。

　その後、何十社とSNSのサポートを重ねていくうちに、トラブルには一定のパターンがあることがわかってきました。そして、その大半は世間一般に考えられているほど重大な事象ではなく、ちょっとした準備をしておくことで防止でき、万が一トラブルと思われる事態に巻き込まれても、多くの事例を知っておけば対応できることを経験しました。

スマートフォンが普及し、日本では今や何千万人ものユーザーがSNSを利用しています。個人ユーザーの主な利用目的は、知人の近況を知って交流したり、自分の好きな著名人の発言などを投稿を通じて知ることです。

　時々、個人ユーザーの発言が大炎上し、発信者であるユーザーの将来が閉ざされるような大きなトラブルが発生することもあります。しかし影響は、その個人に留まることがほとんどです。

　一方、ビジネスでSNSを利用するにあたっては、自社の情報を多くの人に届けたり、あるいは来店してもらうことや自社商品を購入してもらうことなどが運用の目的となります。

　今やビジネスでSNSを活用しないという選択肢はありません。しかし、万が一、企業の評判を落とすようなトラブルが起こったら、休業・閉店・賠償など、大きな損害が発生することもあるでしょう。

　ネットのニュースなどを見ていると、SNSに関する話題と言えば、企業の不用意な発言によるトラブルや一般ユーザーの炎上が目につきます。時にはテレビなどのマスメディアでも、SNSで炎上している事象が取り上げられることもあります。このようなニュースが増えれば増えるほど、「SNSは危険なものだ」という印象を持つ方も比例して増加します。

　SNSが危険だと感じている方は、自社に対するわずかな「クレーム」や「悪口」に対しても過敏になります。そして些細な「悪口」を見つけただけで冒頭に紹介したようなセリフが飛び出すのです。

　10年以上にわたってSNSで生計を立ててきた筆者から見ると、ニ

ュースで話題になるようなトラブルは、現場では滅多に発生するものではありません。これまで私がクライアント様からいただいたSNSに関するトラブルについては、内容や経緯を確認したあと90%以上のケースで、「何も対処する必要はありません。静観して通常通り投稿を継続しましょう」とお答えしています。

　静観した結果、ニュースに掲載されるような大きなトラブルへ拡大したことは一度もありません。でも、滅多に発生しない、かつ担当者自身にとっては初めての事態で、「これは静観していても大丈夫」と判断することが難しいことは十分に理解できます。

　今、目の前で起こっていることは放置してもよい程度のものなのか、社をあげて対応すべきものなのかなど、特に経験の少ない担当者さんは判断に迷うことも多いようです。また、そもそも、できるだけSNSでトラブルを起こしたくないがどうしたらよいのか、というご相談を受けることもあります。

　そこで本書では、SNSでトラブルを起こさない・巻き込まれないためには普段どのような防止策を施すべきか、また、万が一トラブルが発生した時にはどう対応するべきかを、各章にまとめて記載しました。

　SNSでのトラブルは発生しないに越したことはありません。しかし交通事故のようなもので、自分は正しく行動していても巻き込まれる場合があります。万が一の事態を起こさないために、そして起こった時のために、本書を参考にしてください。

# 3章 「やっかいな声」や「クレーム」に対応する時の基本

# 4章 商品・サービス・実店舗への批判に対応する

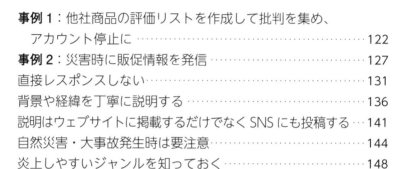

# 5章 自社SNS発信の内容・企業姿勢・事業内容への批判に対応する

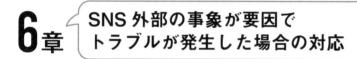

# 6章 SNS外部の事象が要因でトラブルが発生した場合の対応

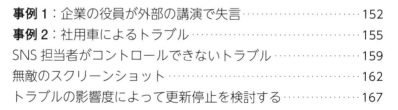

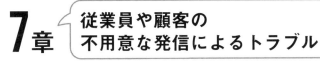

# 7章 従業員や顧客の不用意な発信によるトラブル

# 8章 SNSトラブルを未然に防ぐ

おわりに

カバーデザイン　　藤塚尚子(etokumi)
本文デザイン・DTP　草水美鶴

**1章**

▲

# 小さな会社・小さなお店の
# SNS 運用の基本的な
# 考え方

▲

## 今やビジネスに欠かせない SNS の役割

　SNS は今やビジネスに不可欠な存在となっています。企業は **X**(旧 Twitter)、Instagram、Facebook、TikTok などの SNS プラットフォームを活用し、**多くのターゲット顧客にメッセージを送る**ことができます。2000 年代後半より、主にアメリカのスタートアップ企業によって開発された SNS は徐々に利用者数を獲得し、2007 年の iPhone 発売以降、爆発的に世間に浸透しました。

　当初はユーザー同士でコミュニケーションを図ることが主な活用スタイルでしたが、ユーザーが増加するとともに SNS を自社のビジネスに活用しようという企業が現われます。

　新たな SNS も続々と開発され、今では主要な SNS は全世界では億単位の、日本国内でも何千万人単位のユーザーが日々活用しています。もはやインフラと呼んでも過言ではない SNS は、企業にとって活用するメリットがますます大きくなっています。

　SNS がマスメディアやウェブサイトなどの従来のメディアと大きく異なるのは、**一方的にメッセージを送るだけではなく、双方向のコミュニケーションが発生**することです。SNS 出現前には直接会話することがなかった企業とユーザーが、SNS を通して**コミュニケーシ**

ョンを図り、**親密度を向上させながらイメージや認知度を高める**ことができるようになりました。

また、SNSには「ここが使いにくい」「もう少しこうだったらもっと買いたいのに」など、自社の商品に対する感想が多数投稿されています。このようなユーザーによる自社商品の使用感をSNSで収集し、**商品開発やサービス品質の向上**に役立てている企業もあります。

もちろん、自社の販売サイトなどに誘導し、直接売上に貢献させることもできます。InstagramやFacebookでは直接商品が購入できる**ショップ機能**も充実しており、ユーザーをサイトに誘導させずにSNSの中だけで決済まで完了できる仕組みも整備されています。

## ◤SNSを正しく理解する必要性

一方で、ユーザー数が爆発的に増加したことによって多くの弊害が発生していることも事実です。

企業が発信した投稿が多くのユーザーの反感を買い炎上するケース、従業員が好ましくない行動を動画で撮影して投稿するいわゆる「バイトテロ」のようなケース、企業役員や上層部の不適切な言動を知ったユーザーによってSNSに投稿され猛批判を浴びるケース、学生が飲食店での不衛生な行動を投稿し退学まで追い込まれるケース、事実無根の内容の誹謗中傷コメントが書き込まれるケースなど、事例をあげるとキリがありません。

SNSはビジネス活動において非常に便利なツールではありますが、その使い方を誤ったり、基本的なマナーを知らずに利用すると、大げ

さではなく、企業に莫大な損害を与えるような取り返しがつかない事態を招くのです。

とはいえ、もはやSNSを無視してビジネスを展開するという選択肢はありません。ましてやSNSを利用していなくても炎上などのトラブルに巻き込まれるケースもあります。ビジネスを展開している**すべての企業やお店では、最低限のSNSの役割や特徴を正しく認識しておく必要がある時代**なのです。

SNSは、上手に活用すれば必ず自社のメリットになるツールです。正しく特徴を理解し、トラブルが発生しないように利用しましょう。そして、万が一トラブルに巻き込まれた時にはどのように対応すべきか、普段から社内で共有しておきましょう。

# SNS の「攻め」と「守り」

　一般的にネットやセミナーなどにある「SNS の活用法」というと、フォロワーの増やし方、成果が出る運用方法、口コミ投稿の利用など、いわゆるプロモーション的な内容（販売促進、宣伝）で語られるケースが大半です。

　一方で、企業やお店の SNS 担当者は、前項に記したような炎上やトラブルを防止・対応するための知識を持っておかなければいけません。

　実際に企業が SNS を利用する場面では、前者のような**プロモーション的な行動を「攻め」**、後者のように**安全に SNS を利用する行動を「守り」**と位置づけ、双方のスキルを持ちながら SNS と付き合うことが大切です。

　ニュースなどで大きく取り上げられるような炎上などの事態が発生したタイミングでは、後者の「守り」が一時的に重視されることがあります。

　しかし、炎上やトラブルを避けたいという気持ちから**「守り」に意識が集中すると、ユーザーを楽しませるような表現が抑えられ、無難でおもしろくない投稿が増えてしまう場合**もあります。

そうなると運用しているアカウントの影響力も小さくなり、本来
SNS に求めていた認知拡大や商品の販売などに結びつく成果を達成
することも難しくなります。

　私は 10 年以上にわたってさまざまな規模・業種のクライアント様
とともに SNS を運用してきましたが、**SNS の運用が発端となるトラ
ブルはそうそうありません。**
　一方で、特にビジネスで SNS を利用した経験が浅い人などが SNS
を担当する場合に、ユーザーからのちょっとした否定的なコメントが
書き込まれただけで「炎上だ」「トラブルだ」と大騒ぎになるような
ケースもあります（毎回、「この程度の内容なら完全スルーで大丈夫
ですよ」とお伝えすると、とても安心していただけます）。

　ニュースなどでは、SNS で発生した炎上などのトラブルが大きく
報じられるので、頻繁に SNS の炎上が発生しているような印象を持
たれることが多いのですが、実際はそうでもないのです。
　なので、**過度に恐れることなく SNS に向かい合い、運用目的に集
中し、日々情報発信することが、SNS 運用の本来の姿**であると私は
考えています。

## ◤「守り」を固める作業をしておこう

　炎上やトラブルは過度に心配しなくてもよいとはいえ、**起こる時に
は起こります。**安全運転をしていても交通事故に巻き込まれることが
あるようなものです。
　従って、SNS の目的を達成するためにユーザーを楽しませ、自社
の商品やサービスをアピールし、フォロワーを獲得し、ユーザーとコ

ミュニケーションを取りながら自社のメリットとなるように運用をしながらも、万一の事態に備えての心構えと準備をしておく必要があります。いわゆる「守り」を固める作業です。

　**守りを固めすぎて攻めがおろそかになってしまってはいけません。**そして、しっかり理解していくと、SNSの守りは攻めがおろそかになるほど大変なものでもありません。

　まとめて言ってしまうと、実際に発生している炎上やトラブルは、**過去に発生したトラブル事例の要因と経過を知り、何をしたらダメなのか、起こった時にはどう動けばいいのかを理解しておくだけで防げるものばかりなのです。**

　本書では意外と簡単にできるSNSの守りについて、ポイントを押さえながらお伝えします。ちょっとした嫌なコメントやクレーム的な書き込みにも、正しく対応すれば炎上など恐れることはありません。このあともリラックスして読み進めてください。

# 主要SNSの特徴を知っておこう
# ── X（旧 Twitter）

　2000 年代終盤より日本でもユーザー数を伸ばしてきた X は、**日本人が初めて触れる世界のビッグメディア**であったと言えます。

　当初は、「たった 140 文字で伝えられることなどないのでは？」「ただの落書きのようなもので、ビジネスには到底利用できない」などの声があり、否定的な評価も少なくありませんでした。

　しかし現在、X 発で話題になったニュースが、後追いでテレビや新聞などのマスメディアで取り上げられることも珍しくありません。SNS から発信された情報が SNS 外のユーザーにまで到達する、いわゆる **"国民総ジャーナリスト"** と呼ばれるような状況を構築したのは、間違いなく X の大きな功績です。

　地方で災害が発生した際にも、ユーザーが旧 Twitter で発信した情報をもとに政府関連機関が援助物資の配送地域を決定するなど、まさに日本の国民にとって欠かせないメディアに成長しました。

　今では日本国内で 4,500 万人のユーザーが利用しており（2017 年10 月、Twitter Japan）、企業のプロモーションに欠かせない SNS となっています。

　Xの最大の特徴は拡散性と即時性に長けていることです。数年前、その年の流行語大賞に「○○なう」というワードがノミネートされたように、「今なにが起こっているのか」を知るには最も適したメディアであると言えます（ちなみに「○○なう」というワードは最近ではほとんど使われなくなりましたのでご注意のほどを）。

## ◤リポスト機能による拡散

　Xのリポスト機能は、**発信された情報がまたたく間に拡散される、情報の発火装置**とも言えます。

---

リポストで情報が拡散する

**ポスト**
**(旧ツイート)**

**リポスト**

ひとりの人の
ポストが
またたく間に
拡散される！

**リポスト**

---

ひとたび拡散がはじまると、よい情報も悪い情報も一瞬にして何万人ものユーザーの目に触れることになります。

　リポスト機能をうまく活用して情報を拡散することによって、Xを強力なプロモーションツールとして利用できる一方で、ひとりのユーザーの人生を変えてしまうような炎上が発生することもあります。

　クレームや炎上という観点で見ると、**実名登録の義務がなく自身の身元を明示せずに利用できるXは、他のSNSと比較するとトラブルが発生しやすいメディア**でもあります。

　近年はXの中だけでなく、他のSNSに投稿された画像や動画がXに転載され、炎上するケースも散見されます。

　またXの発信者は、目の前で発生している出来事を瞬発的に投稿する傾向があり、思わぬトラブルを招くこともあります。

　Xの優れた検索機能が悪用されて、何年も前に投稿した文章や画像を発見され、現在の言動と比較されて「一貫性がない」などと批判されるようなケースもあります。

　しかし、炎上やクレームを恐れてXの持つ多大なメリットを享受できないことは、ビジネスにとって大きな機会損失となります。他のSNSでの投稿内容も含め、正しい知識を持ってXを活用しましょう。

# 主要SNSの特徴を知っておこう — Instagram

　近年、SNS の世界のみならず、現実世界においてもトレンドの最先端を走っているメディアが Instagram です。

　登場した当初は単に画像を加工するアプリとして利用されるケースが多かったものの、スマートフォンの普及とそのカメラ性能の向上をきっかけに SNS としての地位を高め、海外セレブの利用増加も相まってユーザー数を伸ばしました。

　2012 年の Facebook 社（現 Meta 社）による Instagram 買収は世界を驚かせました。当時、全世界でも 3,000 万人だったユーザーが、その後 Facebook 社の豊富な資源と技術をもとに、今では全世界で 20 億人、日本国内でも 3,500 万人ものユーザーを獲得しています（2022 年、Meta）。

　現状、Facebook にユーザー数は及ばないものの、その人気は圧倒的なものとなり、Facebook や X に並ぶ巨大 SNS へと成長しました。

　Instagram は、画像や動画などのビジュアルを中心とした SNS として定着しましたが、2023 年にはテキストのみで投稿できる機能なども追加され、その活用シーンはさらに拡大を続けています。

短尺動画を投稿できる**リール機能**、24 時間で消える**ストーリーズ機能**、Instagram 内で決済まで完了できる**ショップ機能**など、他のメディアや SNS で展開されている人気の機能を片っ端から導入しています。もはや単なる SNS ではない多機能メディアであるとも言えるでしょう。

　中でもストーリーズ機能は、全 Instagram ユーザーの 70% 以上が利用していると言われています。フィード投稿（通常の投稿）はまったく利用せず、ストーリーズ機能のみを投稿・閲覧している若いユーザーも増加しています。

## ▼「ストーリーズ機能」の注意点

　クレーム・トラブルという観点で Instagram を見ると、X 同様に実名登録義務がないにもかかわらず**比較的トラブルは少なく、「おとなしい」印象**はあります。著名人への妬みから生まれる誹謗中傷は少なからず見られますが、Instagram の中で企業や一般ユーザーが炎上などに巻き込まれることはあまり心配しなくてよいと言っていいでしょう。

　しかし、24 時間で投稿した内容が消滅するストーリーズ機能については十分な注意が必要です。**「どうせ消えるから」「フォロワーは知っている人だけだから」という油断が思わぬトラブルを招く**ことがあります。

　近年のスマートフォンには**「スクリーンショット」「スクリーンレコード」**などと呼ばれる、画面に映ったものをそのまま自分の端末に保存できる機能があります。悪意のあるユーザーがこれらの機能を使

い、ストーリーズに投稿された 24 時間で消滅するはずの動画や画像を自身のスマートフォンに保存し、そのまま拡散力の強い X に転載。そこからトラブルが発生するケースが後を絶ちません。

Instagram のストーリーズ機能に限ったことではありませんが、**スマートフォンに映される画面は、いかなる場合においても他人に保存されて転載拡散するケースがある**ことを、常に意識することが必要です。

特に Instagram のストーリーズ機能については、一定時間が経過すると自動的に削除されるからとガードが甘くなって、その油断がトラブルへとつながります。

本来「24 時間しか見られない」というレア感を武器に、有効にユーザーの関心を集められるストーリーズ機能ですが、トラブルを招かないよう注意して利用してください。

# 主要SNSの特徴を知っておこう ― Facebook

　世界で30億人近くのユーザーが利用している Facebook は、一時の勢いはやや見られなくなったものの、まだまだ十分に活用できるメディアです（2023年7月、Meta）。

　欧米ではビジネスシーンでは LinkedIn という SNS が利用され、Facebook はプライベートな投稿をするメディアとして使い分けられています。しかし日本の場合、2011年頃に急速に Facebook が普及し、LinkedIn はユーザーを獲得できませんでした。

　**信頼度の高い実名登録が必要な SNS が Facebook のみ**となり、本来プライベートで利用することを想定されていた Facebook の中でビジネス的な話題を展開するユーザーの割合が一定数存在することとなったのです。

　現在、LinkedIn も日本国内のユーザー数を伸ばしており、当時と比較するとビジネスは LinkedIn で、プライベートは Facebook で展開するよう使い分けているユーザーも見受けられるようになりました。

　しかし一度定着した習慣は消えることなく、ビジネスシーンでの Facebook 活用は日本の文化に根を下ろしている状況であり、今後も継続するであろうと見ています。

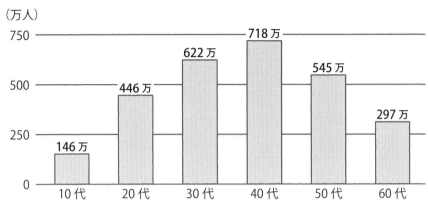

Facebook ユーザー数と年齢分布

（万人）

総務省「令和3年度情報通信メディアの利用時間と情報行動に関する調査報告書」
「2022年12月人口推計」より作成

　他の SNS と比較すると、利用しているユーザーの年齢層がやや高いのも Facebook の特徴です。数年前より「若者の Facebook 離れ」というワードがネット上でも話題になっていますが、統計でも実証されています。

## 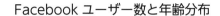ビジネス視点で Facebook を見る

　私がある大学で、数百名の学生さんに「この中で Facebook を使ってる人はいますか？」と質問した時、数名しか挙手がなくて驚いたことがありました。10代〜20代前半の若者にとって、Facebook は"お父さんやお母さんがやってる SNS"なのです。

　しかし、ここで考え方を変えて見てみましょう。

・年齢層が高い

・ビジネスで利用している

この2項目を満たすユーザーは、企業の中でも一定の地位にいるケースが多く、若い人でも自身の**ビジネス能力のアピールの場になる**ということです。

　実際に私も（若くはないですが）、Facebook を通じてお仕事のご依頼をいただくケースは1年に2度や3度ではありません。積極的にFacebook を利用することは、皆さんのキャリアにとっても有用であることは間違いありません。

　また、日本国内のユーザー数は減少傾向にあるものの、全世界で見ると増加傾向です。**海外のユーザーに向けて、日本の商品やサービス、宿泊施設や観光名所などを案内すると高い反応が得られる**ケースもあります。

　若い SNS コンサルタントなどは、自身が Facebook の活用頻度が低いため、Facebook の運用をすすめないケースもあるようです。しかし、自社の情報を届けたいターゲット層にとっては、十分に活用できるメディアです。

　トラブルという視点で見ると、Facebook は比較的安全な SNS と言えます。プロフィール写真は自身の顔を登録し、学歴や職歴を掲載し、実名登録が必須となっています。人は自分の身元が明らかになっている状態では、非常識な振る舞いはしなくなるということです。

　ただ、Facebook ページと呼ばれる企業アカウントでは、好ましくないコメントが書き込まれることもあります。あらかじめ方針を決めておき、大きなトラブルにならないように対応しましょう。

# 主要SNSの特徴を知っておこう — TikTok

　10代を中心とした若いユーザーの間で人気となったことを発端に、近年ユーザー数の急拡大を続けているのが TikTok です。先行している SNS と明確に異なる点は、**すべての投稿コンテンツが短尺の動画**であることです。

　Instagram などを利用する場面において、スマートフォンで SNS を利用するスタイルが定着し、特に若いユーザーの間では**縦長コンテンツへの親密度が高くなりました**。また、スマートフォンの性能向上と通信環境の進化によって、動画コンテンツの重要性も高くなりました。

　そこに、さらに誰でも簡単に撮影できる縦長短尺動画コンテンツに限定し、ユーザーが好む音楽をつけて投稿するスタイルで展開したことが、TikTok が若者に支持された大きな理由のひとつです。

　TikTok の普及が拡大しはじめた頃は、若い女性ユーザーが音楽に合わせてダンスをしている動画が主なコンテンツとして展開されていました。そのような状況から、当時は年齢層や性別が極めて狭い範囲で利用される局所的なメディアに留まるのではないかと私も考えてい

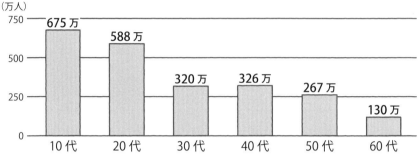

**TikTok 年齢別利用者数比較グラフ**

（万人）

|  |  |
|------|----------|
| 10代 | 675万 |
| 20代 | 588万 |
| 30代 | 320万 |
| 40代 | 326万 |
| 50代 | 267万 |
| 60代 | 130万 |

総務省「令和3年度情報通信メディアの利用時間と情報行動に関する調査報告書」
「2022年12月人口推計」より作成

ました。

　しかし想定をはるかに超え、その後**ユーザーの年齢層や性別、用途の多様化など、あらゆる方向に広がりを見せ、現在では比較的高い年齢層のユーザーからの投稿も見られる**ようになっています。

　ダンス動画だけではなく、ビジネスものやノウハウもののコンテンツなども人気のあるジャンルとして定着しています。

　以上の状況を踏まえ、近年では強力なビジネスツールとしてあらゆる業種のさまざまな規模の企業がアカウントをつくり、プロモーションメディアのひとつとして TikTok を運用しています。

　ユーザー数も日本国内では 1,300 万人（2021 年、推計）、全世界では 10 億人（2021 年、TikTok ニュースルーム）と公表されており、先行する X・Instagram・Facebook に肩を並べる勢いで猛追しています。

## ▼中毒性と反復性の TikTok

　TikTok の独特のアルゴリズムは他のメディアとは異なり、投稿したコンテンツの内容次第でフォロワーが少なくても、短時間で大量のユーザーに閲覧させることが可能となっています。アカウントをつくって数週間で、数万回の閲覧数を記録するコンテンツをつくり出せるケースもあります。

　「いいね」などの反応をしたコンテンツや何度も繰り返して見た動画の内容に基づいて、その**ユーザーが好みそうなコンテンツが次から次に表示される仕組み**になっており、**中毒性と反復性**は他の SNS にない強力なものとなっています。

　一方で、昨今は TikTok の持つ課題が話題となることもあります。欧米をはじめとした西側諸国では、中国の企業によって運営される TikTok の安全性や個人データの扱いなどに疑問があると主張する国もあります。一部の国では利用の禁止をすすめているケースもあるようです。

　また、気軽に投稿できてしまうデメリットとして、若いユーザーが社会的に問題があるとされる動画を投稿し、それを見た視聴者が他の SNS に転載し炎上するケースもあります。

　SNS をはじめとしたオンラインメディアでは、ユーザーが増加するに従ってビジネスで活用する場面でもメリットが大きくなるのですが、逆に問題も顕在化するのは、他の SNS 同様に TikTok でも見られる現象です。

## トラブルが発生しやすい
## SNS とは

　ニュースなどで報じられる SNS でのトラブルは、**大多数が X で発生している**ものです。X では文字だけの投稿だけでなく、画像や動画など、あらゆる種類のコンテンツがリポスト機能を通して拡散されます。

　しかし、拡散されているコンテンツをよく見てみると、**X 以外の SNS に投稿されたものが、X に転載されてトラブルが拡大している**ことも少なくありません。

　例えば、Instagram のストーリーズに投稿された飲食店スタッフが悪ふざけしている動画や、TikTok に投稿された隠し撮り動画のデータを、悪意のあるユーザーが X に転載する場合などです。炎上させることを目的に、情報が拡散されやすい X に転載されているのです。

　転載元のメディアは SNS だけに限りません。LINE での不謹慎なやり取りが画像データとして保存されたものが拡散され、大きな騒動になった著名人のケースもありました。人事担当者が内定者に送った高圧的なメールのスクリーンショットが X に掲載され、該当企業に問い合わせが殺到したケースもあります。

### 内定者へ送った人事担当者のメールが拡散された

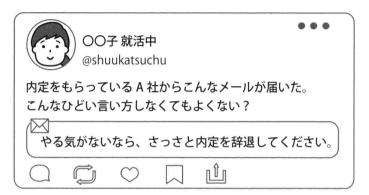

〇〇子 就活中
@shuukatsuchu

内定をもらっている A 社からこんなメールが届いた。
こんなひどい言い方しなくてもよくない？

やる気がないなら、さっさと内定を辞退してください。

　筆者がクライアント様に相談を受ける際、よく「X は炎上しやすいから利用しない」といった意見を聞くことがあります。確かに、最終的に炎上などのトラブルが発生しているのは X であるケースが多いので、X 運用はトラブルのもとであると考えるのは理解できます。

　しかし現状をよく見ると、X をやっていなくても、ましてや SNS アカウントがなくても、X でトラブルが発生するケースが多発していることがわかります。

　裏を返すと、**スマートフォンの画面に表示されるものなら、画像であれ動画であれ簡単な文字のみの文章であれ、いかなる種類のデータも炎上などのトラブルにつながる**ということです。

　X は正しく使うと非常に有効なプロモーションツールとなります。Instagram や TikTok で画像や動画を頻繁にアップすることが難しい

企業であっても、Xは文字だけで簡単に情報を発信できます。

　Xで朝のあいさつ投稿を毎日繰り返すだけでも、自社名をフォロワーの目に触れさせることができます。さらに、悪い情報だけでなく、よい情報の拡散度も他のSNSよりも秀でています。

## ▼トラブル防止体制を整える

　そのようなメリットがあるツールを「炎上しやすい」「トラブルがイヤだ」という理由で避けるのは判断基準が間違っています。

　100%完全にトラブルを避けたいのであれば、自社のSNSアカウントを持たないだけでなく、意図しない情報が発信されないように体制を整えなければいけません。

　つまり、自社の情報が決してネットの世界に掲載されないように、従業員だけでなく取引先など関係者、突き詰めると会社の前を通行する人まで厳しく情報統制する必要があるのです。

　実際問題、そんな情報統制は絶対に不可能です。**SNSのメリットは享受しながら、トラブル防止の対策と発生時の対応方針を定めておくことこそが、**現実的に最適なSNSとの向き合い方となるのです。

　最終的にトラブルが顕在化するのは主にX。しかし、その**トラブルの発端は他のSNS含む外部であることも少なくない**と理解しておきましょう。

# 2章

▲

# 「守り」の体制を
# 構築する

▲

# トラブルやクレームが発生した時のためにSNSを運用しておく

「SNSでクレームを書き込まれて、評判が落ちる」「炎上に巻き込まれたら大変」といった理由で、SNSを運用しないという考えをよく聞きます。

確かにXやInstagramなど、特に実名登録が不要なSNSで「コメント欄が荒れる」という状況を見かけることや、ニュースメディアなどで企業のSNSアカウントによる不用意な発言が炎上したと報じられることも珍しくなくなっています。このような状況を見ると、「SNSは怖い」と感じるのも無理はありません。

しかし万が一、自分の会社やお店がSNS内でトラブルになった場合のことを想像してみてください。

具体的に考えてみましょう。自社の顧客対応について、SNS上で悪い意味で話題になり、同調する他のユーザーによって拡散される。想像したくもない状況ですが、このような状況が発生する確率はゼロではありません。

この状況で、もしSNSアカウントを運用していなかったら、あなたの会社の悪評が拡散するのを、指をくわえて見ているしかありませ

ん。拡散されている内容についての説明をウェブサイトなどに掲載することはできますが、燃え盛っている SNS の炎上の火を消すことはできないのです。

## ◤SNS アカウントでできること

一方、同じ状況で SNS アカウントを運用していたらどのような対応ができるでしょうか。

まず、SNS を運用している場合、多くの企業では定期的に「エゴサーチ」を行なっています。エゴサーチとは、**自社名や商品名などを検索し、投稿の言及内容をチェックすること**です。平常時なら、自社商品に関するユーザーの使用感や不満などを吸い上げて、コミュニケーションを開始するきっかけにしたり、商品を改善するための情報として活用したりするものです。

そして、**日常的にエゴサーチをしていると炎上やトラブルの種を早い段階で発見し、対応することができます**。もちろん、トラブルの内容によって対処法はさまざまですが、ことが大きくなる前に対応できる状況にしておくことは、その後の処理の労力を考慮すると重要です。

また、**直接話題になっている SNS の中で自社の状況や背景を説明できること**も、トラブル鎮火過程において大事な要素です。例えば、X で自社の話題が炎上している時に、その背景や考えを直接 X に投稿することで、トラブルを鎮められるケースもあります。

話題になっている内容が明らかな誤報・誤解であった場合などにも、その全容を SNS ユーザーに対して直接説明できます。

明らかに自社に責任がある事象が発端となっている場合でも、過程や謝意を表明することでユーザーからの擁護を集められる場合もあります（この場合は何をしても完全に許されることは難しいですが、それは SNS を運用していなくても同じです）。

## ◢ 日頃のコミュニケーションがトラブルを鎮火する

　普段からユーザーとコミュニケーションを図りながら、**よい関係を構築しているアカウントの場合、トラブル時に SNS を活用していることの効果が見られる**場合もあります。

　ここで過去に実際に発生した事例をご紹介します。

　当時、上手に一般ユーザーとコミュニケーションしながら影響力を拡大し、SNS 運用のお手本として紹介されるような有名な食品企業の X アカウントがありました。

　そのアカウントが自社の商品プロモーションのタイミングに合わせて、キャンペーンを実施しました。**「ボット機能」**（事前に設定した内容を自動的に実施する機能）を利用し、自社の商品に関するワードが含まれるポストに対し、すべて自動返信をするという設定でスタートしました。

　例えば、飲料メーカーが「紅茶」というワードが含まれるポストすべてに「うちの紅茶もおいしいよ！　https://....」と返信するような仕組みです。

　午前中にはじまったキャンペーンでしたが、開始早々にユーザーから「気持ち悪い」「監視されているようだ」など不満のポストが発信

## ボット機能を使った返信ポスト

され、数時間後にはそれらの不満が増幅し炎上状態となりました。

　状況に気づいた企業の担当者はすぐにキャンペーンを中止し、ウェブサイトに謝罪文を掲示しましたが、すでに大量に書き込まれている返信ポストと不満の声を短時間で削除することはできません。

　続いて、Xにもサイトに掲示した謝罪文のリンクとともに、お詫びのポストを投稿しました。しかしその謝罪ポストにも不満の声が書き込まれる状況が継続し、**混乱の出口がまったく見えない状況**が続きます。多くのユーザーがXでの謝罪がさらに炎上を拡散させることになったと感じていましたが、そこに現われたのがいつも当該アカウントとコメントなどで交流しているユーザーでした。そのポストはこのようなものでした。

確かにあまりいい気持ちがするものじゃなかったけど、これだけ
謝ってるんだからもういいんじゃない？　別に僕らがなにか損し
たわけじゃないし。

　**この擁護ポストで流れが一変**しました。不満の声が荒れ狂う返信欄
を見ながら同じことを感じているユーザーも多く存在したようで、そ
の後は逆に企業を擁護するポストが攻撃的なポストを上まわる勢いで
投稿されました。
　最終的にはこの騒動は当日中に収束することとなりました。

　SNS に限ったことではありませんが、**普段から親しみを持ってい
る人や企業が困っていると、有事の際には手を差し伸べたくなるもの**
です。このケースでも日常的に軽いあいさつを交わしたり、以前企業
側から「うれしいポストをありがとう」などと返信をもらっていたユー
ザーたちによって、大炎上に陥った企業アカウントは窮地から救わ
れたのです。

　もちろん、すべてのトラブルがこのようにうまく解決するわけでは
ありません。また、そもそも他者になんらかの損害を与えたような事
象が発端となった場合には、これほど簡単にトラブルを収束させるこ
とはできないでしょう。

　しかし、この企業が普段は SNS を運用しておらず、プロモーショ
ンキャンペーンのためだけに X を使っていたら、一般ユーザーから
の大量の擁護ポストが発生することなどあり得ません。日頃のコミュ

---

トラブル時に SNS アカウントを持っているメリット

---

- ・いち早くトラブルの兆候を察知できる
- ・トラブルが発生しているメディアのユーザーに
  直接状況を説明できる
- ・エンゲージメント（よい関係性）の高い
  他のユーザーによってトラブルが鎮火する例もある

---

ニケーションがトラブルを鎮火した事例として、SNS を活用するすべての企業の教訓としたいものです。

　一方、理解を誤ってほしくないのは「**トラブル時に他のユーザーに擁護してもらうために SNS を活用するのではない**」という点です。

　上記の例では交流していたユーザーによって企業が救われましたが、あなたの会社が同じ状況となった際に、このケースと同様にトラブルが抑えられるとは限りません。

　あくまでも認知拡大・コミュニケーション・プロモーションを目的として正しく活用してください。最も重要なのは、トラブルが発生しないよう SNS アカウントを運用することです。

# SNS運用が上手な人の共通点

　現在、日本の企業では、**さまざまな部門の方がSNSの担当者として日々情報を発信**しています。PCやスマホの操作に詳しいというだけでIT関連部門の方が指名されるケース、広報部門の方が担当しているケース、営業部門の方が営業活動の合間にSNSを運用するケース、役員の秘書が担当しているケースなど、その形態は多種多様です。

　SNSそのものの認知度や有用性が浸透し、企業情報の発信やユーザーの疑問に回答するなどのSNS特有の性質から、近年は広報部門の方が担当しているケースが多いように感じます。

　特に日本の企業では専業でSNSを運用するのではなく、ほぼ100%の企業で他の業務とSNS運用を兼務しています。特定の人材をSNSだけに張りつけておくわけにはいかないという企業の状況もあります。

　その中でさまざまな部門からピックアップされた「**若い人**」「**スマホに詳しそうな人**」など、**なんとなく得意そうな人が選ばれてSNSを運用**することになる傾向にあります。

　私としては、どの部門のどの職種の方がSNSをやるべきだと固定観念を持つ必要はなく、SNSが自社にもたらすメリットと照らし合わせながら、柔軟に運用する部門や担当者を指名するべきであるとク

ライアント様にアドバイスしています。

しかし、もし複数の従業員の中からSNS担当者を選択できる状況であれば、以下の2つの要素を持った人を選ぶことも、同時にすすめています。

### ①業務で直接お客様と接した経験がある人

接客の経験がある人は、何を伝えたらお客様が喜ぶのか、お客様が不満に感じている時にはどのような言葉を発したらいいのかなど、**お客様の行動と感情に対するアンテナの感度が高い**のです。

ちなみにここで言う「接客経験」とは、実際に店舗で接客するだけでなく、電話応対・メール・チャットなどでの対応経験も含みます。

**接客業務での経験はSNS上での情報発信やコミュニケーションに反映**されます。自社アカウントから発信された投稿に、他のユーザーから書き込まれたコメントに上手に対応します。また、それらのコメントに不満のタネが潜んでいると感じた場合には、コメントで該当ユーザーに対応したり、根本的な商品やサービスの改善を社内で提言するなどの前向きな行動を起こすケースもあります。

エゴサーチ（自社名や商品名を検索すること）を行ない、自社に対して称賛する投稿をしてくれているユーザーには、さらに好意度を高める対応を実施。逆にクレーム的な口コミ投稿が広まっている場合には、いち早く察知して現場に報告するなどの対応をとることもあります。

もちろん、接客業務を経験していない人が SNS を担当し、上手にユーザーとコミュニケーションを図り、トラブルにも対応している企業もあります。

　接客経験にこだわって担当者が決まらないという事態は本末転倒です。もしあなたの会社に人選の余地があれば、接客経験の有無をSNS 担当者の要素のひとつとして考えてみてください。

## ②プライベートで SNS を活用している人

　2つ目の要素は、SNS を個人的に使っている人です。SNS を運用するには何を投稿するかだけでなく、ハッシュタグはどんなものを付与すればよいのか、どんな表現を用いれば多くの反応が得られるのか、新しい機能を自社のアカウントでどう活用できるか、動画の尺や内容は規程に沿ったものになっているかなど、多くの知識が必要とされます。

　プライベートで SNS を利用している人は、日々 SNS で情報を発信し他のユーザーとコミュニケーションを図っています。

　頻繁に SNS を利用していなくても、各 SNS からの公式発表を見れば新しい機能の導入状況などは理解できますが、日々実用的に SNSに触れている人は、各媒体からの公式発表の有無にかかわらず、いち早くその機能の存在に気づきます。そして、自身にとって**その機能はメリットがあるのかを判断したり、独自の活用法を生み出したりと、実体験の中で使いこなす**ようになります。

　それだけでなく、本書のメインテーマであるトラブル回避においても、常時 SNS に触れている人に任せると安心です。

## 企業の SNS 担当者に向いている人材とは

**①接客（メールや電話なども含む）の経験がある人**

・コミュニケーションが上手

・お客様の感情の変化に対する感覚が鋭い

**②プライベートでも SNS を利用している人**

・機能や特徴を理解している

・トラブル事例を知っている

**トラブルにつながりそうな発信内容、SNS で発信してはいけないタイミングなど、自身のフィードに流れてくる情報をもとに知ること**となるからです。

また、ある日突然予告もなく、昨日までなかったメニューやボタンが画面に表示されることも SNS では珍しくありません。そのような場合に「このボタンをタップしたら何が起こるのだろう」と日々検証する習慣があるのも、プライベートで SNS を利用している人の特徴でもあります。

操作方法や各 SNS の特徴をすでに熟知している人は、あらゆる面において企業の SNS アカウントを運用することに適しているのです。

一方、プライベートで SNS を利用する場面が少ない人や、ほぼ

SNSを活用していない人が企業のアカウントの運用を任されるケースもあります。その場合、SNSのヘビーユーザーなら当然のように持っている知識を、自社のアカウントを運用しながら身につけなければいけないのです。

　社内を探してみると、意外に「実は結構どっぷりXを使っている」という人がいるものです。トラブルを回避するためだけでなく、自社のSNSアカウントをさらに有効に活用するためにも、社内の人にSNSの活用度を確認してみてはいかがでしょうか。

# SNS運用担当者が すべてを判断すると危険

　多くの企業では、SNS に投稿する内容やコミュニケーションの基準などの運用方針は、SNS 運用開始当初に定めて一定数の関係者に共有されます。しかし、日々の発信内容やコメントのやり取りなどの細かな運用状況は、運用担当者あるいは運用チーム以外の従業員が細かくチェックすることはありません。

　SNS を運用する上で、**担当部門以外の部署が表現や内容を指摘することは、実務上好ましいことではありません。**あまりにも外部からの注文が多いと、SNS 担当者が萎縮して自由に発言することができなくなってしまい、アカウントの活性化を妨げるからです。

　しかし、トラブルの防止やクレームなどへの対応という観点で見ると、第三者の判断は極めて重要となります。特にビジネスシーンでのSNS 運用経験が少ない人が担当している場合には、責任者や専門家の判断を仰げる体制を整えておくことをおすすめします。

　トラブル時に担当者が独自で判断し、さらに状況が悪化した事例として次のようなものが実際にありました。

## ▼慌てて投稿を削除し、さらなる批判が拡大したケース

　運用担当者が悪気なく発信した投稿に対して、一部のユーザーが不快に感じ、クレーム的なコメントが数件書き込まれました。当初、担当者は過剰に反応せず静観していたのですが、コメントが増えるにつれて不安になり、また社内で問題になることを恐れ、独断で投稿を削除しました。

　担当者は投稿を削除したことによってクレームコメントを書き込まれることもなくなるだろうと安心していたのですが、その後の展開はまったく想像していなかった方向へと転がります。

　担当者が削除をする前に、該当の投稿をスクリーンショットで保存しているユーザーが存在していました。そして担当者が投稿を削除した直後、匿名ユーザーによって「**さっき○○社が削除した投稿はこちらです**」と、スクリーンショットが投稿されたのです。

　投稿されたスクリーンショットを見たユーザーには、「**多くのユーザーが不快に感じるような投稿をしたことに加え、それを隠蔽しようとした**」と理解され、**批判はさらに大きく**なります。また、スクリーンショットを投稿したのは自社とはまったく関係のない匿名ユーザーであるため、まったくコントロールできず説明もできないまま批判の輪は大きくなります。担当者はそれを見ているしかありません。その頃には社内の他部署にも状況が発覚し問題となるも、手の打ちようがありません。

　最終的には**別途お詫びの投稿を発信し、ウェブサイトにも謝罪文を掲載**しました。徐々に騒動は鎮静化したものの、ことあるごとに「隠蔽企業」とコメントされる**など、その余波は数ヶ月にわたって継続しました。

### ▼ユーザーのクレームに反論したことから批判が拡大したケース

　飲食店が運用していたXアカウントに、「店員の態度が悪くて居心地が悪かった。二度とこのお店には行きません」とコメントが書き込まれました。

　SNS運用者であった従業員は、直近の何組かのお客様とのやり取りを思い出し、その中で該当するような場面があったことに気づきました。ランチの時間にオーダーと異なったメニューをテーブルに運び、激しく叱責されたということが当日あったのです。

　接客していた店員としては丁寧に謝罪したつもりでしたが、混雑するランチの時間帯に手早くミスを処理しようという思いから、多少ぞんざいに見えたかもしれないとも考えました。

　この程度のことを**店長に報告することはないと判断**し、店員は自分で対応することにしました。書き込まれたお客様からのコメントに対して、「もしかしてご注文を誤ってお出しした時の方でしょうか。当時バタバタしておりご不快に感じられたかもしれません。ご容赦ください」と返信しました。

　SNS上で謝罪し問題は解決できたと安心していたのですが、翌日さらに事態は悪化します。

コメントを書き込んだユーザーより「**忙しかったら客への謝罪は適当でいいのか**」「**あなたがあの時の店員か。上の者はこのことを知っているのか**」など、さらなるクレームが矢継ぎ早に書き込まれたのです。

　この段階で初めて店員は店主に報告しました。さらにこれ以上周知の場でクレームを続けられることを避けるために、店長指導のもとダイレクトメッセージ（DM）で対応し、ようやく事態が鎮静化しました。

## ▼運用担当者以外の責任者を設定しておく

　これらのケースでは、そもそも発端となる投稿やお客様への対応を見直さなければいけないことは言うまでもありません。しかしSNS上で**トラブルが発生した初動の段階で、運用者以外の誰かが冷静に判断し行動していれば**、事態が大きくなる前に鎮静化できた可能性もあります。

　問題となった投稿を削除するべきか。クレーム的な書き込みについてどのように対応するのか。あるいは、SNS上での対応そのものをするべきか否か。直接の当事者ではなく、ある程度経験のある上司や専門家なら、より適切に対応できたはずです。

　このようなトラブルに対してどう対応したらよいのかは後述します。ここではまず、トラブル時に状況を把握して判断し、対応方針を確定する、運用担当者以外の責任者を設定しておくことが「**転ばぬ先の杖**」になり得ると覚えておいてください。

# 担当者と責任者は
# 複数人体制で運用する

多くの企業に聞いてみると、「SNSの運用はひとりに任せている」という状況に頻繁に遭遇します。企業の規模や人員配置など、それぞれの事業体によってSNSに充当できる人員が限定されるケースもよくあることなので、やむを得ない部分もあることは理解しています。それでも私はクライアント企業には、複数人体制での運用をすすめています。その理由をお伝えします。

まず、**担当がなんらかの要因で稼働できなくなれば、会社の顔であるSNSアカウントの運用もストップしてしまう**ことです。退職・休職・異動のほか、家族の都合で早退しなければならないケース、体調不良で休むケースなど、突発的に稼働できなくなる状況はどの従業員にもあるはずです。

ある程度、SNSの運用スキルを持つ別の従業員が引き継げるならいいのですが、企業のSNS運用という特殊な業務を、前任からまったく指示を受けずに引き継げる人はそうそういません。

経理・総務・広報など、すでに定着している職種においては複数人員を配置していても、ここ10年ほどで新たに発生したSNS運用業務は、まだまだ単独体制で運用されている企業は多くありません。

もし SNS 運用に関する人員の配置がどうしても難しいケースであっても、**メイン担当のほかに他業務を兼務している人を数名、サブ担当として配置しておき、少しでも日常の SNS 運用に携わってもらう**だけで、万が一の事態を避けることができます。

## ▼ 相談できる環境が大事

　また、ひとりで SNS アカウントを運用している場合、「この運用スタイルでいいのか」「コメントの返信内容は今のままで問題ないのか」などの疑問が生じても、**共有・相談できる人がおらず、担当者がひとりで悶々と悩む状況**も散見されます。

　うれしいコメントをもらった際に「ありがとう」と返信するべきか、そのまま放置したほうがいいのかを迷った時に、同僚から「絶対、返信するべきだよ、喜んでくれるよ」と一言もらえるだけで、迷わず対応できます。

　逆に、本書のメインテーマであるクレーム的な投稿があった時などにも、上司ではなく同僚に、まずは気軽に「これどうしよう？」と相談できることで、気持ちのゆとりが生まれ適切に対応ができる場合もあります。

　このように私の経験上、担当者がひとりという状態は、デメリットこそあれメリットになることは何ひとつありません。もしあなたの会社やお店で SNS に携わっている方がおひとりでしたら、この機会に**サブ担当でもいいので、せめてあとひとり配置**してみてください。

## ◥トラブル時のために複数人の担当配置を

　次に責任者についてです。SNSの責任者はSNSを運用している部門の長が就くケースが一般的です。責任者の役割は通常時の投稿内容のチェックをすることなどですが、最も重要なのは前項に記載したように、**トラブルがあった時に方針を定めること**です。現場の担当者が慌てて対応し事態が大きくならないように適切な指示をすることです。

　しかし、SNSのトラブルは勤務時間内にだけ発生するものではありません。深夜や早朝、土日祝日、年末年始・夏季休暇中などに炎上の種が育つケースなども珍しくありません。**24時間365日、どんな時にでも対応できる状況にしておくのが望ましいのです。**

　しかし、責任者が1名だと、日曜に炎上が広がりはじめた時、方針を確認しようにも、チャットもメールもつながらず、業務用の電話にも出てもらえないケースも想定されます。トラブル時には責任者の指示を仰ぐよう事前に決めておいたにもかかわらず、その責任者とコンタクトできない事態となるのです。

　実際、私が担当していたクライアント様でも、土曜日の深夜にアカウントが乗っ取られ、業務とはまったく関係のない画像が連続で投稿されたケースがありました。担当者がいちはやくその状況に気づいたのですが、責任者には連絡がつながらなかったそうです。
　そして担当者はやむを得ずコンサルタントの私の電話を鳴らしました。たまたま私が対応可能なタイミングであったため、内容を確認し代わって該当企業のSNSアカウントにログイン。第三者が投稿した

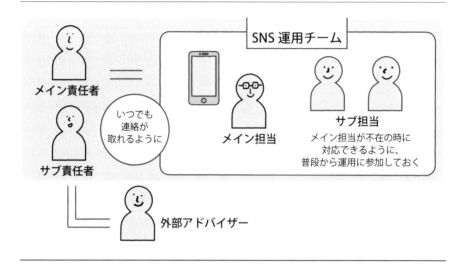

複数の担当者と複数の責任者で万全の体制を整える

メイン責任者

サブ責任者

いつでも
連絡が
取れるように

外部アドバイザー

SNS 運用チーム

メイン担当

サブ担当
メイン担当が不在の時に
対応できるように、
普段から運用に参加しておく

無関係な投稿をすべて削除し、パスワードを変更して対処しました。

　このような状況に陥らないためにも、**トラブル時に方針を指示する責任者もメインとサブの複数人員を配置しておく**ことが望ましいのです。もし社内で該当する人材を手配できない場合は、契約している弁護士や筆者のような SNS の専門家にその役割を依頼しておくのも選択肢のひとつです。

　乗っ取り・炎上・クレームなど、SNS のトラブルは数年に 1 回あるかないかの事態です。しかし事態が発生してから対応したのでは、取り返しがつかない状況に陥るケースも珍しくありません。万が一に備えて運用担当者・責任者、いずれも複数名の体制を整えるようにしてください。

# 運用担当者と
# 責任者の役割を明確にする

　SNS担当者は、各SNSアカウントの運用目的を決め、投稿ジャンルを考え、日々投稿し、ユーザーとコミュニケーションを図るという、諸々の実務を行ないます。運用当初は試行錯誤するかもしれませんが、数ヶ月もすれば各SNS運用の傾向やコツをつかんで上手に運用できるようになります。

　そして、**上長は担当者が大きな問題も起こさずにSNSを運用できるようになると、すべてを担当者に任せて自分は関与しないという体制になることもあります。**実際、日々の投稿を実施するだけならその内容に上長などが介入せず、担当者に自由に運用してもらうのがスムーズです。

　投稿する文言あるいは添付する画像や動画に対して、上長が細部にわたってチェックするような体制だと、投稿するペースが鈍化するケースがあります。特にXやInstagramのストーリーズなど、投稿頻度を保つ必要がある媒体では、過剰なチェックは逆効果となります。

　しかし、クレームや炎上などのトラブルが発生した際には、運用担当者ではない「責任者」の役割が非常に重要となります。トラブル時の判断まで運用担当者に任せてしまうと、前述のようにさらにトラブ

ルが拡大することも少なくありません。

　従って、企業やお店でSNSを運用する場合は、手を動かす運用担当者だけでなく、必ず責任者を設定しておいてください。少人数の組織であっても、普段はSNSアカウントにログインして操作することはないものの、有事には状況を判断する役割の方を責任者として配置してください。

## ▼責任者の重要な役割

　SNSの責任者というと、投稿内容のファクトチェックや企業イメージに合った画像であるかどうかを確認するなど、情報発信時の確認作業をイメージする方もいらっしゃるでしょう。もちろんそれらの作業も重要ではあります。

　しかし実際は、普段自社のSNSアカウントに触れている担当者のほうが「どんな表現をすればフォロワーは喜んでくれるのか」「どんなネタに絡めば反応が大きくなる可能性が高いのか」などの感覚に長けているケースが多く、責任者による細かなチェックは最小限に留めるようにすることをおすすめしています。

　ここで言う**責任者の最も重要な役割は、トラブル時の方針決定**です。運用担当者は、ユーザーからのコメントやエゴサーチで確認した**自社についての言及に異変を感じた際、もれなく責任者に報告し、その対応方針を確認する**ようにします。

　内容によっては、影響が少ないので放置しておいたらよい、という軽い判断になることもあります。逆に大きな炎上の種であると判断され、早めの対応が必要なケースもあります。

## SNS 運用担当者と責任者の役割分担

**運用担当者**
運用方針の作成・運用計画の設計・
投稿・コメント対応など

**SNS責任者**
トラブル時の方針決定

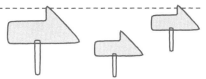

　ことの大小や対応方針は、きっかけとなった投稿をした本人（主に
SNS担当者）が定めると、誤った判断をすることがあります。自身
の責任を可能な限り小さくしたいという心理から、状況を過小評価す
るケースもあるからです。そこで、責任者が冷静に事態を把握するこ
とが必要となるのです。

　SNSを運用するなら責任者を配置する。非常に重要なことですので、
あなたの組織にSNS運用に関する責任者がいないのなら、早めに対
応してください。

## SNSの責任者に適任な人材が社内にいない時はどうする？

　運用担当者とは別に責任者を配置することの重要性は、前項まででご理解いただけたと思います。しかし「誰に責任者になってもらおうか」と検討する段階で、もうひとつの問題が発生することがあります。

　ある程度SNSについての知識があり、トラブルの事例などにも詳しく、かつ「責任者」という肩書きにふさわしいキャリアがある方が社内にいれば問題ないのですが、そうでない場合もあります。責任者に適任な人がいないという事態が発生するのです。

　むしろ実際には「この人がSNS運営の責任者にピッタリだ！」となるケースのほうが少ないかもしれません。多くの企業で直面する**「SNSの責任者がいない問題」**。どう対応したらよいのでしょうか。

　まず、SNSの知識の有無にかかわらず、社内でのSNS責任者は必ず設定してください。SNSの知識がなくても、**客観的に状況を判断する**ことは可能です。

　**基本的には、SNSだからといって従来と異なる対応をする必要はありません。**SNSを運用する前から存在していた、ウェブサイトなどに書き込まれた苦情や、実店舗で発生するトラブルなどに準じた対応をすればよいのです。

　ポイントは、**SNS運用担当者という当事者以外の方が、トラブル**

の状況を把握し対応方針を決める状態にしておくことです。これは
SNSの操作方法や特徴を理解していなくてもできるはずです。

## ▼クレームなどの書き込みに反応するべきか

　一方で、SNSの知識がないと対応が難しい、SNS特有のトラブル
も存在します。特にビジネスでSNSを活用した経験が少ない方は、
ちょっとしたクレームにも過剰に反応してしまうことがあります。

　筆者のクライアント様からも、特に運用初期には次のようなご相談
をよくいただきます。

・エゴサーチをすると、自社の社用車の運転が荒いと言及している人
　がいる。言及しているユーザーになんらかの対応をしたほうがいい
　のか。

・店舗のイベント告知をした投稿に、投稿内容にまったく関係がない
　中傷コメントが書き込まれている。どう対応したらよいのだろうか。

　内容や情報拡散の規模にもよるので、すべてのケースで該当するわ
けではありませんが、基本的にはこれらの対応はすべて **「気にせず放
置しておけばよい」** という回答になります。

　個人でSNSを楽しんでいる場合は、著名人でない限り上記のよう
な事態に遭遇することは稀です。しかし個人アカウントとは異なり、
企業やお店のSNSアカウントは、不特定多数の人がすでに知ってい
る存在であり、多かれ少なかれマイナスの印象を持つ人がゼロになる
ことはありません。**一つひとつの投稿に対応しているとキリがありま**

せん。

　かつ SNS 運用担当者は、「SNS をきっかけに会社に損害を与えては
いけない」という思いが強く、本来放置しておいてもまったく問題の
ない書き込みに対しても過剰に反応してしまうことがあります。

　ある程度 SNS に習熟しており、スルーしても差し障りがないよう
な書き込みに対しても上手に"いなす"ことができるのであれば、返
信などで対応するという選択肢も確かにあります。しかし**未習熟な状
態で対応すると、揚げ足を取られて思わぬトラブル拡大を招くことも**
あります。

　ここで、「**この程度ならスルーしても問題ない**」という**判断をでき
る状態にしておきたい**のです。でも担当者も責任者もまだ経験が浅い。
さあ、こんな時はどうしましょう。

## ◤第三者の客観的な目を入れる

　解決策は、専門家の力を借りることです。筆者のような SNS コン
サルタントなどに何かあれば相談できる状態にしておいたり、あるい
は会社やお店で懇意にしている弁護士などにトラブル時に相談できる
よう事前にお願いしておくといいでしょう。

　**外部の専門家は内部の責任者よりも冷静に状況を判断することがで
きます。**また、過去にさまざまなトラブルを経験しているため、より
的確な判断をすることができます。

　外部からのサポートを得ることで、社内の責任者と外部の専門家と
いう複数の管理者が存在する状態にしておくこともできます。深夜な

どにトラブルを発見し社内の責任者に連絡が取れない場合にも社外の専門家というスペアを確保している状態にしておけるのです。

　特に運用初期の何が起こるかわからない、何か起こった時にどう判断してよいのかが不安である場合には外部の専門家の協力は必須であるとも言えます。


　ただ、弁護士にもSNSのトラブルに詳しい方とそうでない方がいらっしゃいます。近年はSNSなどオンラインで発生するトラブルを専門にしている弁護士もいます。企業や店舗に損害をもたらすような書き込みをされたケースなど、オンラインのトラブルに習熟した弁護士は、発信ユーザーの情報を得るためにXやInstagramなどのメディアに対して開示請求をサポートしてくれる場合もあります。

　もし懇意にしている弁護士の先生がSNSの知識が少ないのなら、新たに**SNSに習熟している方を紹介してもらう**などして対応しましょう。


　加えて、責任者になる方も運用担当者も、できればプライベートでもアカウントをつくって、**他アカウントのさまざまなケースを第三者として見ておくクセ**をつけておいてください。すでに個人のアカウントを持っているのならば、その既存のアカウントを使っても大丈夫です。

　プライベートなアカウントの存在を勤めている会社に知られるのはイヤだという人も心配はありません。事例を見るだけなので、そのアカウントの存在を社内の他の従業員や上長に知らせる必要はありません。

## コメント欄と自社についての 言及を定期的にチェックする

　企業やお店でSNSを運用していると、毎日のルーチン作業として アカウントにログインしたり、投稿したり、分析データを確認するこ とになります。定期的な情報発信と、よりSNSを効果的に活用するた めの分析作業は、ビジネスでSNSを運用する上では必須の作業です。

　同時に重要なのが、コメント欄と自社についての言及内容を確認す ることです。トラブル防止の観点からは、自社にとって不利益となる ような内容が書き込まれていないか、一定の頻度でチェックすること が必要です。

　他のユーザーが自社の投稿に対しコメントを書き込んだ場合は、**各 SNSの通知機能**が知らせてくれます。従って大量のコメントが書き 込まれ、通常の内容のコメントの中に不利益なものが混在しているよ うなケースでない限り、トラブルの種となるような書き込みを見逃す ことはないはずです。

　しかし、他のユーザーが発信したいわゆる**「口コミ投稿」**につい **ては、こちらから能動的に情報を取りにいかなければ発見することはで きません。**ですので、SNS運用担当者の知らないところでトラブル

の種が大きく育つ前に対応するためには、毎日のルーチン作業に「**口コミ投稿の検索**」を加えてください。万が一問題となるような口コミ投稿を発見した場合は、速やかに運用責任者に報告してください。

　もちろん、問題となりそうな口コミ投稿といってもその重要度はさまざまです。まったく対応しなくても問題のないものもありますが、SNS上でのなんらかの対応が必要なものや、オンラインだけでなくオフラインでの対応を求められる内容のものまで、ケースによって発見後の行動は変わります。いずれにせよ、**早期発見・早期判断するのに越したことはありません。**

## ▼エゴサーチから得られるもの

　実際に私がSNSセミナーなどを実施した際に、参加者に「自社や自社商品のエゴサーチを定期的に実施していますか?」と聞くと、一度もしたことがないという方もいらっしゃいます。そんな方には、その場でスマートフォンを使って実際にエゴサーチをしてもらいます。

　すると、意外に自分のお店や商品について言及してくれているユーザーが存在することに驚かれます。このような時にヒットした検索結果として、トラブルにつながるような問題のある投稿が発見される場合があります。ただ、それよりも高い確率でヒットするのは、**自社に対しての感謝やよい感想**です。初めてエゴサーチをしたセミナーの参加者は「これらの書き込みをもっと早く知っていれば、もっとよい対応ができたかもしれないのに」と後悔されます。

　本書で伝えたいのは、トラブル防止策としてのエゴサーチを定期的

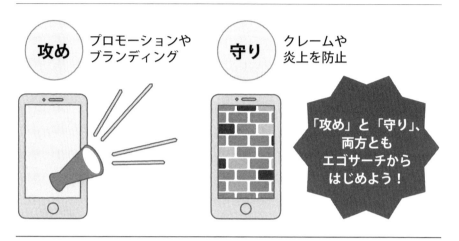

エゴサーチの効能

攻め　プロモーションや
　　　ブランディング

守り　クレームや
　　　炎上を防止

「攻め」と「守り」、
両方とも
エゴサーチから
はじめよう！

に実施することです。一方でエゴサーチは、より SNS をプロモーションやブランディングに活用するための施策でもあるのです。

　エゴサーチをしても、他のユーザーから自社について言及された投稿がまったくない場合もあります。トラブル防止の観点からは、その種となるような口コミがないことは安心できる材料となります。
　しかし、プロモーションや認知拡大など、自社のビジネスに SNS を貢献させるという目的の視点から見ると、口コミ投稿が1件もないという状況は好ましくありません。その場合は口コミ投稿が生まれるような施策を講じる必要があります。

　つまり、「攻め」（プロモーションやブランディング）と「守り」（クレームや炎上を防止）、いずれの観点からも定期的なエゴサーチが必要であるということです。

# 3章

▲

# 「やっかいな声」や
# 「クレーム」に
# 対応する時の基本

▲

# 「スルー力」を身につける

　現実世界で自分の身のまわりにいる人は、ある程度自分の波長に合った友人や知り合い、また同じ目的を目指している人ではないでしょうか。そうでなくても、同じ組織に所属していたり、何かのご縁で同じビジネスプロジェクトに関わっている人など、仕事でも趣味でも、なんらかのつながりがある人であるはずです。

　もしそのような人たちと意見の相違や感情の行き違いがあれば、相手との関係性をもとに対応することになります。合理的に正しいすり合わせができることもあれば、相手との力関係によって納得できずとも一定の着地点に落ち着くケースなど、その過程と結果はさまざまです。ただ、現実世界の場合はその場の表情や声色なども含めて、ある程度相手の考え方や普段の言動を理解した上で対応できます。

　**SNS でのコミュニケーションはテキストがメイン**です。投稿そのものは画像や動画を使って表情や声を伝えることができますが、そこに書き込まれるコメントはすべて PC やスマートフォンの画面に文字として表示されます。

　さらには、書き込んだユーザーがどんな人物なのかも把握できないケースがあります。Facebook や LinkedIn など、実名登録が義務づけられてプロフィール欄を埋めておくことがスタンダードな SNS の

場合は、相手の職業や人となりが一定のレベルまで理解できます。一方、X や Instagram をはじめとした実名登録が義務づけられていない SNS の場合は、**書き込んだ相手がどんな人物なのかが不明瞭なことも珍しくありません。**

　この点が現実に対峙している相手に対応する場合とは異なり、SNS などオンラインで対応する場合、意識しなければいけないポイントです。

　どこの誰かもわからない、かつどんな人物なのかもプロフィール欄に記載されていない匿名ユーザーへの対応方針は、多くの企業で SNS 担当者が頭を悩ませるポイントになっています。

　感謝のコメントや自社商品の評判を上げてくれるようなコメントであれば問題はありませんが、クレームや評判を貶めるようなコメントの場合は対応方針に苦心します。

　批判的なコメントや口コミ投稿が書き込まれた場合、必ず最初に運用担当者や管理者に考えてほしいのは、**「このコメントはスルーするべきか、対応するべきか」の判断**をすることです。

　筆者の場合、クライアント様よりクレームや批判的なコメントや口コミ投稿があったと相談を受けた際には、まずその内容を確認します。次に該当の書き込みをしたユーザーのプロフィールや過去の投稿内容などもあわせてチェックします。多くのケースではそれほど時間をかけず、15 分もあれば上記チェック作業は完了します。

　そしてその**8割ほどは「スルーしても問題がない」**という結論になります。

## ▼スルーしても大丈夫なパターン

　スルーしても問題がないと判断できる理由の代表的なものとして以下のようなパターンがあります。

・あらゆる企業アカウントに「批判してもコメントを返してこないだろう」と、匿名で頻繁にクレームコメントを書き込んでいるアカウントからのコメントであるケース。返信すると不必要に騒ぎ立てられるリスクがある。

・内容が事実無根であり、書き込んだアカウントの影響力もさほど大きくないと判断できるケース。

・企業側にまったく非がないにもかかわらず、一方的な思い込みで批判的な内容を書き込んでいるケース。

　もちろん、明らかに自社に非があり、お客様や関係者に不愉快な思いをさせた事実があるのであれば、相手が実名か匿名かにかかわらず適切に対応することが必要です。また、事実無根である情報が意図せず多くのユーザーに伝わり誤解を与えるような可能性があれば、詳細な説明が必要となる場合もあります。
　しかし基本的には、上にあげたようなケースやそれに類する場合には、スルーしてもまったく問題がありません。

　特に企業やお店でSNSを立ち上げた当初や、SNS運用担当者がその任に就く前にSNSに触れていなかった場合などは、批判的な書き

込みを発見すると「何か対応をしなければ！」と動転してしまうことがあります。

　以下は、実際に筆者に「こんな書き込みがあったんですが、どうしたらいいですか？」とご質問があったケースです。

> ○○（自店）で会計の時、前に並んでいた人がレジでモタモタしていてイライラした。

> ○○について称賛するような口コミが多すぎる。ステマじゃないのか？

> ○○のサイトに書かれている記事がおもしろくない。

> ○○の閉店時間が早すぎる。

> ○○の社名が入った社用車が制限速度を守ってゆっくり走っていた。さっさと走ったらいいのに。

> 私は○○（商品名）が嫌い。

　このほかにもさまざまなものがありましたが、筆者からの回答はすべて「放置しておいて大丈夫です。もし、さらに書き込みがエスカレートしたり、誤った情報が異常に拡散されるようなことがあれば適切に対応しましょう」です。

スマートフォンのニュースアプリなどを見ていると、頻繁にSNSの炎上・トラブルに関するニュースが画面に流れてきます。そのような状況の中で自社に関するよからぬ書き込みを見ると、ニュースのような事態に自社も巻き込まれるのではないかと、不安が増大する気持ちはよく理解できます。

　ですが、実際には企業の根幹を脅かすほどのトラブルが起こることは極めて稀です。慌てずに運用担当者・責任者間で情報を共有しながら、「この程度ならスルーしても大丈夫なのではないか？」と状況を冷静に判断するようにしてください。

# 格言「消すと燃える」

SNS を運用していると、悪気はなかったものの一部のユーザーに不快感を与えてしまい、投稿の内容に関する反論やクレームがコメント欄に書き込まれることがあります。

投稿文や投稿に添付した画像を作成した SNS 運用担当者は、それらのコメントを見ると、すぐに投稿を削除して、さらなるクレームが書き込まれたり、投稿そのものが拡散されないように対処したくなります。

では、上記のようなケースで投稿を削除するとどんなことが起こるでしょう。

実際にクレームが2、3件書き込まれたあと、運用者によって投稿が削除されたケースを何度か見ましたが、残念ながらほぼもれなく担当者の想定外の事態になってしまいました。

現在、**ほぼすべてのスマートフォンにスクリーンショットと呼ばれる機能が搭載**されています。スクリーンショットの機能を使うと画面に表示されているものをそのまま「PNG」ファイルや「JPG」ファイルなどの画像ファイルとしてスマートフォンに保存することができます。

そして一部の悪意のあるユーザーはスクリーンショット機能を使い、**企業アカウントから発信された不快な表現を用いた（と自身が判断した）投稿を画像として保存**します。当然発信者である企業のSNS担当者は、見知らぬユーザーが自社の投稿を画像として保存していることなど知る由もありません。

　悪意のあるユーザーによって投稿を画像化され保存されている状況の中、企業が該当の投稿を削除したとします。するとその直後、画像を保存していたユーザーはここぞとばかりに、「先ほど○○（企業名）が削除した投稿はこちらです」と、保存していたスクリーンショットを各SNSに投稿します。

　自社アカウントではない**悪意のある第三者が、削除済みの投稿を公開することの効果は絶大**です。

　まず、企業側が"自社の発言を隠蔽しようとした"という印象を他のユーザーに与えることができます。企業のSNS担当者からすると「これ以上不愉快に感じる人が増えるとよくない」と判断し、よかれと思って削除したケースでも、その真意を画像を見た多くのユーザーに伝えることは残念ながら非常に難しいです。

　また、第三者が発信したスクリーンショットつきの投稿は、**当初発信した企業にはまったくコントロールできない状態**となります。企業が隠蔽したというレッテルを貼られた情報が拡散され続けているのを、指をくわえて見ているしかなくなるのです。

## ▼削除以外の対応を検討する

では、どうしたらよいのか？　となると、それはケースバイケースであるとしか言えません。

速やかに謝罪する、追加で情報不足であったことを説明する、騒がせていること自体には謝罪しながらも騒ぎのきっかけとなった最初のコメントは明らかに事実誤認していることを伝えるなど、事象によって適切な対応法は変わります。

最終的に削除するにしても、状況に適した対応をしたのちに**「該当の投稿はのちほど削除いたします」**と告知してから削除するようにします。この流れを踏まえることによって、隠蔽の意思がないことをユーザーに伝えることができます。

**いかなる場合にも、クレームや悪評を発見しても反射的に要因となる投稿を削除してはいけません。**削除せずに正しく対応すれば、当初コメントを書き込んだユーザーにも理解を得られ、収束できたはずのトラブルが、削除によってとんでもない炎上が発生する可能性があります。

まずは基本通り責任者に報告をして判断を仰いでください。SNSトラブルの対処法として「いきなり削除」は最大の悪手です。

## トラブルの解決策を ひとりで判断しない

　2章で企業やお店でSNSを運用する時には、SNS担当者以外に運用責任者を設置しておくことをおすすめしました。実際に筆者がサポートしている企業においても管理者設置の必要性を必ず強く伝えて、該当する方にその任務を担っていただけるようお願いしています。

　また同じく2章でお伝えしたように、SNSは単独ではなく複数人で運用するようにも伝えています。

　しかし現実には、特に数名で切り盛りしているような小さな企業やお店では責任者や運用担当者に人員があてられず、ひとりでSNSを運用せざるを得ないケースがあります。

　それでも、普通に投稿をして、ユーザーのありがたいコメントに対応しているだけなら、それでもなんとかやっていけるでしょう。しかし、トラブルへの対応となると、やはりひとりでその任務を抱え込むのは危険です。

　プライベートでのアカウント運用とは異なり、お店や企業のアカウント運用では、一歩間違うと自分の会社に大きな損害を与えることになります。普段はあまり意識していなくても、いざ何かが起こった時

には、その責任を意識せざるを得ない状況となります。

　例えば、あなたがひとりで会社のSNS運用を担当していたとして、このような書き込みを見つけたらどのような気分になるでしょうか。

男性店員にじろじろ見られて気持ち悪かった。

購入した食材に異物が混入していた。

通販で特価で購入した家電製品が1ヶ月で故障した。

○○（自社名）の役員がSNSの個人アカウントで差別的な発言をしている。

○○（飲食店名）の店員はいつもオーダーを間違える。

　いずれも過去に実際に私に相談があったSNS上のクレームです。中には声を震わせながらお電話をいただいたケースもありました。**経験の少ないSNS担当者にとって、トラブルへの対応は精神的にも大きなプレッシャー**になります。

　内容的には、SNS上で謝罪することが必要なものから、全社的に業務体制を見直す必要があるものまでさまざまですが、ここで論じたいのは、「**このような情報をいち早く知ったＳＮＳ担当者はどうするべきか**」です。

## ▼ひとりでプレッシャーを抱えない

　百戦錬磨で熟練のSNS運用担当者なら、ある程度的確な判断をする能力もあり、最も損害が少ない施策を選択して実行できるでしょう。しかしこのような状況で**ビジネスでSNSを運用した経験が少ない担当者がひとりで方針を判断するのは難易度が高く、精神的にも厳しい状態になる**ことが多いです。

　さらには、SNSを動かしている担当者が的確なジャッジができないことは企業にとって危険でもあります。

　SNSを運用した経験が少ない担当者であっても、**社内の誰かに「こんなトラブルが発生している。どうしよう!?」と相談できる状態に**あるだけで、ひとりでプレッシャーに押しつぶされることなく他の従業員のアイデアを参考にすることができます。

　理想は運用責任者を設定し、さらに複数のSNS運用担当者がいることです。しかし現実的にベストな体制を整えることができない場合でも、**担当者をひとりにせず、誰か相談できる人を社内に確保しておくことは重要**です。

　担当者自身が従業員の誰かを指名し、指名された人が相談係としてサポートされる場合もありますが、社員同士の力関係などもあり、指名することが困難なケースもあります。可能なら会社の命令として、特定の従業員をサポート役に任命するのがスムーズです。

# すべてを SNS で
# 解決しようとしない

　SNS はインターネットを通じて多くのユーザーに情報を発信した
りコミュニケーションを図ったりするサービスです。

　その前提があるので、SNS で発生したトラブルについてもスマホ
や PC を用いたオンラインの世界の中だけで解決しようと考える方が
いらっしゃいます。

　もちろん内容によってはコメントのやり取りなどで解決できる場合
もあります。一方で、オンライン以外の解決策が正しい選択肢である
ケースもあります。

　例えば、以前ある企業から筆者にこのような依頼がありました。

自社の営業スタイルについての悪い評判が SNS 上で多く投稿され
ている。電話がしつこい、購入するまで帰してもらえないなどの
内容が定期的に書き込まれる。
このような書き込みをさせないようにするにはどうしたらいいの
か。SNS でもっとイメージがアップするような投稿をするべきな
のか。

　念のため、実際にそのような営業行為が行なわれているのかを確認

すると、明確には詳細をお答えいただけなかったものの「昔ながらの体育会系の営業スタイルではある」と、暗に書き込まれた内容が事実であると認められました。

　実際に行なわれている営業行為についての不満が書き込まれており、企業としてはそれらの不満や悪評をSNSから一掃したい。そのためにやることは、企業側からSNSで悪評を否定することや、不満を書き込んだユーザーに謝罪することではありません。該当のユーザーに謝罪をして削除依頼すると対応してもらえる場合もあるでしょう。しかし、また別のユーザーが同じような不満を持ち、同様の内容で投稿するでしょう。**小手先の対応では根本的な対策にならない**のです。

## ◤リアルの世界で解決していく

　このような場合の対処法は、現実の世界で原因となっている要素を取り除くことです。上記の例で言うと、「しつこい営業をやめる」ことです。**SNSでいくら取り繕っても現実世界で不満を感じる人がいなくなるわけではありません。**不満を感じる人がいれば現代社会ではSNSに書き込まれるのです。

　逆に営業スタイルを変えたくないのなら、現実に起こっていることをユーザーが書き込む状況は受け入れなければいけません。

　その他にも筆者が実際に相談されたケースを一部ご紹介します。これらすべて、現実世界での対応が必要なものです。

「採用試験の面接に訪れた学生が、人事担当者からの暴言混じりの失礼なメールをSNSに公開した」

→**解決策**：相手を問わずメールは社会常識に沿った文面を記載する。

「店員同士が内輪の会話に夢中になり、客の呼びかけにまったく答えなかった。大きな声で呼び続けると店員の一人が面倒くさそうに対応した」
→**解決策**：お客様の目につくところでの会話は最小限にする。お客様にとって気持ちのよい対応をする。

SNS はオンラインのツールですが、その**根本は口コミ**です。

SNS がなかった時代にはリアルな知人と直接会って交わしていた**噂話がネット上に文字として表現される**ようになったものです。

あるいは、**自分の頭の中だけで考えていたこと**がテキスト化され、スマートフォンの画面に顕在化し、多くの人が閲覧できるようになったものです。

**人の口にフタができないことは、今も昔も、オフラインもオンラインも同じ**です。

自社が発信した投稿にクレームが書き込まれた時や、エゴサーチによって自社に対する不満について記載された投稿を発見した時などには、**SNS 上の振る舞いに原因があるのか、ネットの外であるリアルな世界に問題があるのか**、見極めて対処するようにしてください。

# SNSでの議論はご法度

SNSアカウントを開設した当初は、がんばって毎日投稿しても、ほとんど反応がない日が続きます。そこからある程度閲覧してくれるユーザーが増えてくると、他のユーザーが「いいね」をタップしてくれたり、コメントを書き込んでくれるようになってきます。この段階では自社にとって、あるいはSNS担当者にとって、ほぼすべてがありがたくうれしいコメントです。しかし、影響力が大きくなってくると状況が少しずつ変わってきます。うれしいコメントばかりではなく、批判的なコメントが書き込まれるケースが増えてくるのです。

取るに足りない言いがかりや個人的な不満のような内容なら、前述したように特に対応せずとも問題はありません。しかし、中にはSNS担当者にとってどうしても対応したくなるような批判や議論を投げかけられる場合があります。

実際に、こんな例がありました。ある住宅販売を営んでいる企業が、自社で建築した住宅の遮音性能について発信した投稿に書き込まれたコメントです。

私は長年建築業界にいた者ですが、このような構造はありえない

です。ここに書かれているような遮音性能を実現するためには莫大な予算が必要です。とても信じられません。

あなたがこの企業のSNS担当者だったとしたら、反論したくなるのではないでしょうか。この住宅販売会社では、コストの見直しや従来の工法の改善を重ね、エンドユーザーに提供できる遮音性の高い製品を開発していました。それにもかかわらず、根拠なくその努力を否定されるようなコメントが書き込まれたのです。

また、食品会社のXアカウントでこんなコメントが書き込まれた例もありました。

商品を食べようとしたら虫が出てきた。もうこの会社の商品は二度と買わない！（実際に虫が映っている画像を添付）

この例は少し説明が必要です。商品から虫が出てきたのは事実であったようですが、企業の担当者はなぜそのような事態が発生したのかを改めて調査してみました。

すると、常温で商品出荷後1年以上経過している場合に、被写体として映っていた虫と同類のものが発生するケースがあることが判明しました。つまり、保存状態が決してよいとは言えず、さらに賞味期限をはるかに超過した商品で発生した現象だったのです。

この2つの例を読んでどうお感じになったでしょう。あなたも自社の正当性を証明するために反論コメントを返信したくなるのではないでしょうか。

## ◤運用している SNS の影響が大きくなっている証拠

　筆者もオンラインでのコミュニケーションの経験がなければ、上記のようなコメントが書き込まれればすぐに反論したくなったでしょう。しかし、10 年以上前に私自身がオンラインで情報の発信をはじめた頃、筆者自身を攻撃するような誹謗中傷コメントに悩まされた際に、経験豊かな周囲の発信者たちにこのようなアドバイスを受けました。

　**「批判があるということは注目されている証拠**。耳当たりのいいコメントしか書き込まれない段階は、自分のことを評価してくれている人だけにしか見てもらっていない状態。批判があって初めて自分が想定している範囲以上に、自分の発言が到達している証拠である。まずはそのことを喜ぶべきである」

　考えてみるとその通りです。あなたのまわりにも SNS でわざわざ揚げ足を取ってあなたを陥れようとしたり、古い知識でマウントを取ってくるような人はそんなに多くはいないはずです。しかし、日常接することがないような言動をする人にまであなたが発信した情報が届いているということは、**あなたが運用している SNS アカウントの影響力が想定以上に大きくなっている**ということそのものなのです。

　批判的なコメントが書き込まれると大きく感情が揺れますが、まずは「自分が運用しているアカウントはそこまで影響力が大きくなっているのだ」と喜びましょう。そして対応策を冷静に考えましょう。

## ▼直接返信は火に油を注ぐだけ

では、この節であげた2つの事例については、どのような対応をするとよいのでしょうか。

相手がいることですので100点満点の対応はありませんが、いずれも非常にうまく対応されて大きな問題になることなく収束させることができました。

ポイントは、**書き込まれたコメントに直接返信せず、新たな投稿で事実を淡々と説明する**ことでした。

1つ目の例では、新たに別の投稿で、自社で開発した優れた遮音性能を用いた建材の開発秘話を、開発担当者の声を織り交ぜながら紹介しました。

2つ目の例では該当する食品から虫が発生する条件についての詳細を、第三者が発信している研究記事を紹介しながらフォロワーに説明しました。

同じ内容でも書き込まれたコメントに直接返信すると、相手が逆上して論点をすり替えて不毛な議論が継続することにもなりかねません。議論がはじまってしまうと、自社の伝えている内容が正しかったとしても収拾がつかなくなることもあります。

イラっとしても、議論ではなく説明を。発端となったコメントに直接返信するのではなく、新たに投稿し、自社の正当性を理解してくれるフォロワーに丁寧に伝えることを心がけてください。

## 謝罪をする時には「誰に」「何を」を正しく伝える

トラブルの状況によっては、自社のSNSアカウントで謝罪の意を投稿しなければいけない場合もあります。明確に自社に非がある場合にはスルーではなく謝罪をしてください。ただ、謝罪もその表現や対象を誤るとさらなるトラブルの増大を招くこともあります。

ある地方の店舗で、販売されている商品の不良品が出まわり、複数のユーザーが画像つきでSNSに投稿してことによって炎上状態になったケースがあります。販売されていた商品の中に多くの不良品が実際に存在し、店舗側でなんらかの対応が必須なケースです。

まずは当時運用されていたXアカウントで謝罪をすることになりました。しかし、その内容が多くのユーザーの反感を買い、文字通り火に油を注ぐ状態となってしまったのです。

当時投稿された謝罪文を要約すると以下のようなものでした。

お騒がせして大変申し訳ございません。このような事態になることは想定しておりませんでした。皆さまには深くお詫び申し上げます。

何が悪かったのかわかりますか？　それはこの投稿に書き込まれたコメント欄を読むと理解できます。

いったい誰に謝っているのかわからない。

何が悪いのか理解していないのではないか？

Ｘで謝るよりも先にやることがあるだろう！

つまり、**"炎上したからただ謝っただけ"という印象を与えてしまっ**ているのです。SNS に限ったことではありませんが、**謝罪をする時には、「誰に」「何を」謝罪しているのかを正確かつ明確に表現しなければいけません。**

SNS で炎上しているから SNS で謝っておけばいいだろう、という印象を与えてしまうと、このケースのように再度謝罪することになってしまうのです。

上記のケースであれば、まず**実際に不良品を手にしたエンドユーザーに向けて、交換の手間をかけたことや不良品だとわかった時の不快な気持ちについて謝罪をするべき**です。その次に、この事実を知った他のユーザーに向けても騒がせていることについて謝罪の意を示します。

また、別のある企業では、従業員が個人の SNS アカウントを使って、線路内に入ってふざけている動画をアップし炎上したケースで、以下のような謝罪文をアップしました。

> このような動画をアップしたことを反省しています。今後は社会規範に則って行動していくよう心がけます。

　この謝罪もポイントがズレていたためにさらなる炎上を招きました。**謝るべきは「動画をアップしたこと」ではなく、「線路内に入ってふざけたこと」**です。まず禁止されている線路内に入った行為について触れるべきところで、SNS にアップしたことに焦点をあてたため、「本質を理解していない」と多くのユーザーに判断されたのです。このケースも、SNS という枠を外して考えると理解できるはずです。

## ▼SNS 上であってもリアルと同じ

　明らかに自社に責任があり謝罪が必要なケースは、起こってほしくはないですが、発生する可能性はゼロではありません。SNS 上で謝罪が必要なトラブルが拡散すると、SNS の炎上をどう鎮静化させるかという点を重視してしまうことも理解できます。

　しかし、**本質は迷惑をかけた相手への迷惑をかけた事象に対する謝罪**です。万が一あなたの運営しているビジネスで上記のようなケースに類似した状況となった場合に、改めて **SNS という枠を外して、リアルな場であればどう謝罪するのか**を落ち着いて考えてみてください。

# 謝罪時に絶対に
# 使ってはいけない言葉とは

SNS で発した内容や、他のメディアや広告などに記載した文言が原因でクレームを書き込まれたり、炎上に近い状況になった時に、絶対に使ってはいけない言葉があります。

ここでは謝罪文に含めることは絶対に避けるべき 2 つの言葉を紹介します。

## ▼読んだ側に責任があるような表現は NG

まず 1 つ目。この言葉を使うことによって、トラブルが鎮静化するどころか、さらなる拡大を招く確率が高くなります。下記に書いた一文はその言葉を含んだサンプルです。どの言葉がダメなのか考えてみてください。

> このたびは私どもの広告に記載していた文言について、一部の方に配慮がなかったと多くのお声を頂戴しております。誤解を招いた表現を用いたことについては深く反省しております。

どの部分がまずかったのかわかったでしょうか。そう「**誤解を招いた**」の部分です。一見問題なさそうなこの言葉も、謝罪する際は NG です。実際に「誤解を招いて……」と謝罪したケースでは、他のユー

ザーから以下のような反応がありました。

> 誤解ということは、私の理解力がなかったということですか？

> あなたの書いた内容をもとにこれだけの騒動になっているのですが、全員が誤解したということでしょうか？

> 表現力の乏しさを読む側に押しつけないでください。

> 表現が悪いのではなく、そもそもの考え方がおかしいのではないですか？

　一部、揚げ足を取られたような節もありますが、いずれもおっしゃる通りです。ましてや上記のように「広告のコピーが多くの人に不快感を与えている」という状況で、**読んだ側にも責任があるような表現はいけません**。すでに不快な思いをしている人たちの感情を逆撫でしてしまいます。

「誤解」というワードには、「自分は正しく伝えたが、相手がその意図を正しくとらえていない」というニュアンスが潜んでいます。炎上やクレームに対する謝罪の言葉としては、ふさわしくないことが理解できるでしょう。

### ▼自分を正当化するような表現は NG

　2つ目の NG ワードは、「**言い訳**」という言葉です。謝罪文に「言い訳」という表現を用いると、相手に誠意がないと感じさせてしまう

可能性があります。例えば以下のような表現です。

> 文脈からは意図が伝わると思ったのですが、言い訳にはなりません。

このような表現では、自分の意図を正当化しようとしているように受け取られてしまうため、適切な謝罪とはなりません。謝罪文では、相手に対して誠意を示す表現を心がけることが重要です。

では、適切な謝罪文とはどのようなものでしょうか。以下に一例をあげます。

> このたびは私どもの広告に記載していた文言について、不快な思いをさせた皆様にお詫び申し上げます。今後は配慮に欠けた表現を使用しないよう、社内でのチェック体制を見直し、皆様に安心してご覧いただける広告を作成してまいります。

このように、SNSで謝罪する際には**誠意を示す表現を用い、相手の感情を逆撫でしない謝罪文**を心がけましょう。

これらのポイントを踏まえてSNSで謝罪を行なう際には、トラブルを鎮静化させることができるようになることを願います。

それぞれの状況に応じて、最適な謝罪の方法や表現を見つけることが大切です。自分の言葉や行動が他者に与える影響を意識し、相手の立場に立って考え感情に寄り添うことが、効果的な謝罪へとつながるでしょう。

# 時には毅然とした対応も必要

...

👍 👎 ↪

　SNSでの炎上やトラブルというと、即座に連想される行動が謝罪です。確かに、明らかに自社に非がある場合には謝罪することが先決です。しかし、中には**実際にはまったく自社に責任がない事象**であったり、**理不尽な誹謗中傷が原因でトラブルに巻き込まれることもあり**ます。

　事実関係を確認する前に早まって謝罪を表明し、そののちに自社にはまったく責任がなかったことが判明した、次のようなケースがありました。
　当初、匿名のユーザーから発信された投稿の内容は、チェーン店の実店舗でのトラブルでした。しかし言及されていた店舗の従業員に確認したところ、まったく該当するような事実はなく、単なる言いがかりだったのです。

　そして事実が明確となったあとに、判明した詳細な情報を公式アカウントで投稿し安心していたところ、さらにこのようなコメントが書き込まれました。

謝罪したということは非を認めたということではないのか？　そ

んなことも確認しないで謝罪したのか？　余計不信感が大きくなりました。

　理不尽極まりないコメントだと感じるでしょう。しかし最初の謝罪に対しこのような感情を持つユーザーも存在するのです。

　では、具体的に担当者が事実を把握していない内容の事象がSNS上で話題になりトラブルとなっている状況では、どのように対応すればよいのでしょうか。

　まずは、**何よりも先に可能な範囲で事実確認をできるだけ早く行なってください**。説明する際により正確な情報として発信できるよう、できれば複数の関係者に確認し、内容を整理するのがベターです。

　情報収集の精度が低い段階で曖昧な説明をし、のちに誤りであったことが判明すると、さらなるトラブルの増大へとつながります。

　説明したSNS担当者に悪気がなくても「**初期対応では捏造しようとした**」などと批判を浴びることも考えられます。正確な情報の収集は、トラブル対応で優先度が高い重要な要素です。

　収集した情報がSNSでの批判内容と相違ないようであれば、正しく謝罪する以外の選択肢はありません。一方、調べてもそのような事実はない、小さな事象が大きく歪曲されている、など理不尽な批判であることが事実確認の過程で明確になるケースもあります。

## ▼毅然とした態度ですべてのフォロワーに説明する

　SNSで話題になっている事象が事実ではない場合、あるいは歪曲されている場合には、調査して判明した状況を正確に記載し投稿して

ください。ありもしない濡れ衣を着せられ批判される言われはどの企業にもありません。

　ただし、事実を説明する際にひとつ注意してほしい点があります。それは、**発端となった最初のユーザーに返信するのではなく、すべてのフォロワーに「お騒がせしている○○の件について説明する」というスタイル**で発信してください。

　返信形式で投稿すると、「そもそもの企業姿勢に問題がある」「それ以外にも不快な思いをしたことがある」など、論点を大きく捻じ曲げられて事態が収拾できなくなることもあります。ユーザーも最初に上げた拳の下ろしどころがなくなってしまい、企業に対する攻撃をやめられなくなるのでしょう。

　筆者がクライアント様に「毅然とした対応をしましょう」と伝えると、事実ではない投稿をした方に反論し、事実ではないことを認めさせようとするSNS担当者もいらっしゃいます。しかしそのような投稿に対する対応は、相手に謝罪をさせることではありません。

　双方が感情的になり不毛な議論が拡大することは、自社にとってデメリットでしかなく誰も得をすることはありません。

# SNSで
# 触れてはいけない話題とは

　営業職やコンサルタントなど、外部の人と頻繁に接触する職種の方は**「政治と宗教は話題にするな」**と指導を受けた経験があるのではないでしょうか。私は元々不動産の営業をしており、若い頃は政治と宗教のほかに**「野球」**の話もしないように言われたものです。いずれも人によって大きく考え方や好みが分かれるものです。極端なケースでは、考え方が異なるだけで相手の人格までも否定し合うこともあるような題材です。

　多くのユーザーの目に触れるSNSでの発言においても同様です。上記のような話題は**可能な限り避けて、無用なトラブルを起こさないようにしましょう。**この原稿を書いている今も、リアルタイムで国際・政治関係のニュースが目に飛び込んできます。「海外の国で日本へのバッシングが活発になっている」「某政党の代議士が収賄の疑惑で騒がれている」。このような状況を見ていると、一言でも自身の考えを発信したくなる気持ちもわからないではありません。

　個人で運用しているアカウントなら問題ないとまでは言いませんが、ある程度普段の言動などから政治的な題材に関しての発言が許容されるケースもあるでしょう。

しかし、ビジネスで使っている企業やお店の公式アカウントから政治的・宗教的に偏った内容の発言をすると、**反対の考えを持っているユーザーとの議論は避けられない事態**となります。逆の意見を持つユーザーからの反論のみならず、同じ意見を持ったユーザーがさらなる過激な発言とともに拡散し、想定以上の事態となることもあります。

## ▼避けるべき話題を覚えておこう

上記のような、従来よりビジネスシーンではタブーとなっている話題のほか、特にSNSで避けるべき話題としては以下のようなものがあります。

### ・人種や民族に関する話題

特定の人種や民族について触れることは、よい話題の中で触れる場合でも**歪曲してとらえるユーザーが存在します**。発信する際には十分に文面を読み返し、意図通りの内容が正確に伝わるかを確認するようにしましょう。

### ・性別に関する話題

近年、**性別による役割分担**についての話題や、**家父長制的な考え方**をSNSで発信することは極めてリスクが高くなっています。
「○○が苦手な女性の皆さんに質問です」という呼びかけからはじまるアンケート投稿をした企業が、「質問そのものが偏見に満ちている」と批判を浴びたケースなどがあります。

扱っている商品やサービスの性質から、ある程度性別と関連づけた情報を発信せざるを得ないケースもあります。その場合にも「○○は女性がするもの」などと決めつけているような印象を与えないよう、

注意して文面を作成してください。

## ・他社・他者への批判

他者を評価したり、批判したりすることは、攻撃的に受け取られることがあります。特にSNSでは、言葉のニュアンスが伝わりにくいため、誤解を招くことがあります。

**批判的な発言をしたくなった時には、肯定的な表現に変換できないかを考えてみましょう。**例えば、「混雑している店はイヤだ」と言いたい時に、「空いている店は落ち着く」と表現すると、同じことを伝えているにもかかわらず、読んだ側の印象はまったく変わります。

## ・センシティブな社会問題

性犯罪やいじめ、自殺など、センシティブな社会問題については、状況によっては不適切とされる場合があります。基本的には、ビジネスシーンで利用している公式アカウントでは触れないようにしましょう。

## ・噂話やデマ

噂話やデマは、信憑性が低く、拡散することで悪影響を及ぼす可能性があります。**確かな情報源がない限り、取り上げない**ようにしましょう。自社のアカウントでリポストやシェアをしたことによって実害を被るユーザーがいるかもしれません。

また、デマを発信した他のユーザーの投稿に、企業アカウントが「いいね」をしただけで非難を浴びたケースも実際にあります。真偽不明な情報には触れないことを徹底しましょう。

## ・大災害発生時の宣伝投稿

　地震・台風・大水害など大きな災害が発生したタイミングで自社の商品の宣伝や大々的な SNS キャンペーンを展開すると、「そんなことをしている場合じゃないだろう」と非難を浴びるケースがあります。

　自社の活動するエリアと災害地に距離があるケースなど、判断が難しい場合もあるのですが、**基本的には大災害時にはいったんすべての SNS の発信はストップするのが無難**です。予約投稿などを設定している場合は特に注意してください。

　また、**過去に不幸な事件があった日**などの発信も注意が必要です。過度に制限する必要はありませんが、原爆記念日に「何もない平穏な日をありがとう」と投稿した企業が炎上した例などがあります。


　本来、多くのユーザーに自社のことを知ってもらい、かつ好意的な印象を与えてビジネスに貢献させるために運用している SNS アカウントで、あえて議論を巻き起こす必要はありません。

　SNS での発言はリアルタイムで多くの人の目に触れるため、一度発信した言葉は簡単には消せません。誰が見ているかわからないインターネット上での発言は、自社の信用や評価に影響を与えることもあります。発信する前に一度立ち止まり、言葉を選ぶことを心がけてください

# 商品・サービス・実店舗への批判に対応する

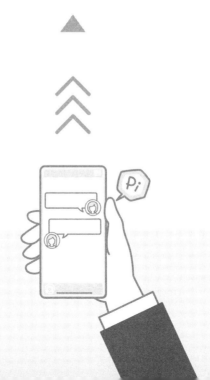

# 有名スイーツ店の
# ウェブサイトで菓子を購入。
# 賞味期限の記載でトラブル

👍 💬 ↗

　あるユーザーが飲食店のウェブサイトにて商品の購入を検討。賞味期限が「冷凍保存で6ヶ月」と記載があったため、家族で少しずつ食べられると安心して購入しました。ところが手元に届いた商品に記載されていた賞味期限は、商品到着日から数えると2ヶ月しかありませんでした。

　不信感を募らせた購入者が飲食店にメールで問い合わせたところ、「賞味期限は製造日から数えて6ヶ月です。よってウェブサイトに記載されている期限にも、商品に記載されている期限にも誤りはありません」と回答されました。さらに、店側にはなんの問題がないようなニュアンスだったとされています。

　その後も納得できない購入者はさらに問い合わせを続けましたが、以降は店舗側からの返信が途切れてしまったため、Xに経緯を投稿しました。

 **ユーザーからの投稿** 💬

通販スイーツで有名な○○○（店名）と、賞味期限についてモメ

ています。ウェブサイトには明確に「冷凍保存で6ヶ月」と掲載されていたので、冷凍庫で保管して家族で少しずつ食べる予定で20個注文しました。届いた商品の賞味期限を見て驚きました。

賞味期限が、届いた時点から2ヶ月しかない！　これはおかしいと思ってお店に問い合わせると、製造日から6ヶ月なので問題はない、と悪びれることなく言われました。賞味期限6ヶ月と記載されているから購入したのにどう考えてもおかしい！

 それに対する他のユーザーからの反応

長期在庫を送りつけるなんてひどい！

よく見ると「製造日から6ヶ月」と記載されているが、注文時に製造日を聞く人などいない！

消費者庁に報告してみては？

サイトの記載内容と4ヶ月も違うのは、いくらなんでもモラルがなさすぎる。

確かにウソはついていないかもしれない。でも私はこのお店をもう信用できない。

なぜ、曖昧な表現をしていることに対して、まず謝罪をしないんだろう？

この件は 3,000 件以上リポストされ、外部サイトでも紹介される騒動に発展しました。数日後、店舗側の X アカウントには賞味期限の掲載方法と、購入者から要望があった際には代わりの商品を送る旨のポストが発信されています。その後、該当ユーザーと店舗の間で和解があったか否かは不明です。

## ▼ 原因は初期段階での発言ミス

　元々はウェブサイトに記載されていた紛らわしい表現が元凶ではあります。しかし、発信側と受信側での認識の相違は多かれ少なかれ、どんなビジネスでも発生する問題です。認識の相違が顕在化し、指摘された初期の段階で、いかに店舗側がユーザーの信頼を損ねない対応をするかが問われます。

　このケースでは、確かにウェブサイトに記載されている内容は厳密には誤りではありません。しかし、ユーザーからするとわかりにくい表記であったことに加え、**問い合わせがあった初動段階で、すべての責任をユーザー側に負わせるような発言**が店舗側から発せられたこと、その後のユーザー側からの問い合わせに対し、無視するかのような対応をしたことによって騒ぎが拡大しました。

　SNS がない時代であれば、今回の購入者はそのまま諦めて周囲の知人に口伝えでこの件を伝える程度に留まったかもしれません。しかし、SNS が日常的に利用されるツールとして普及している以上、**顧客が不適切だと感じた言動は多くの人に知られるリスクがある**ことを知っておかなければいけません。

事例 2

# 飲食店でメニューと異なる 料理が出される

···

　ある飲食店で、メニューに掲載されていた写真とは似ても似つかない料理が出されました。テーブルに設置されているメニューを見て店員にオーダーして顧客のもとに届けられた料理（麺類）には、写真に掲載されていた具が一切乗っておらず、出汁と麺だけの簡易なもの。伝票に記載されている料金は正規の金額であったため、顧客は写真とまったく異なる商品であることを指摘しました。それに対する店員の回答は、「該当の商品が売り切れたので、近くのスーパーで材料を購入して即席で調理したもの」であるとのことでした。

　この顧客がメニューの写真と実物とを比較できるよう、SNS に画像を並べて投稿したところ炎上しました。

 ユーザーからの投稿

渋谷の〇〇（店名）にウワサになってる〇〇麺を食べに行きました。出てきたら素の〇〇麺だったので店員に確認したところ、「〇〇麺は売り切れたから隣のスーパーで買ってきたものを出してます」と言われた。これで〇〇円ってありえない！

この投稿に対して、多数のユーザーから店舗に対する批判の声が集まりました。

 **それに対する他のユーザーからの反応**

本社にクレームを入れるべき！

楽しみにして行かれたのに、これはがっかりですね。

これは怒って当然。

売り切れたのなら、なぜ売り切れたと言わないのか。

メニューとまったく別物じゃないですか！　詐欺と言ってもいいレベルです！

　チェーン店本部は詳細を確認し事態を把握。当時、該当店舗では同時に多くのお客様が来店し、フロア係も厨房も混乱状態となっていたこと、品切れ商品について代替品を提供することをフロア係が顧客に伝えたと厨房係が思い込んでいたこと、オーダーを聞いた従業員とは別のフロア係が顧客に商品を出したことなどが判明しました。
　また、担当者は上司に報告せず、近隣のスーパーで代替品を調達したことも発覚しました。

　以上、さまざまな要因が重なっての事態であったことをウェブサイトで説明し謝罪。さらに店舗繁忙時のオペレーションの見直しや、顧

客とのコミュニケーション内容の共有を徹底するなど、改善策を施したこともあわせて伝えました。

　説明と謝罪によって騒動は鎮静したものの、該当店舗に対するユーザーや顧客からの不信感が完全に拭われたかは疑問が残ります。

## ▼原因は店舗での完全なオペレーションミス

　この件の原因は、実店舗での不手際に尽きます。店舗側の説明を読むと、顧客を軽視していたり、最初から無礼な対応をしようとしていたという意思は感じられず、混乱の中での不幸な事象であったことがわかります。

　しかし、紛れもなく店舗側の明らかなオペーレーションミスであり、特に「品切れであること」「代替品を提供すること」を伝えきれていなかったことが致命的でした。

　また、顧客の不満を現場で解決できなかったことによって、SNSで発信された内容が拡散してしまったことも、企業側にとって大きな代償を払うことになってしまいました。

　ミスが判明した時点で適切な対処をしていれば、「最初は不満だったがその後の対応が素晴らしく、最後は大満足で店をあとにした」という喜びの声がSNS上に拡散されることになっていたかもしれません。

# 現状を正確に把握する

···

👍 💬 ↪

　実店舗で商品やサービスを提供する業種で、SNS上でトラブルの種を発見した場合、まずは**現場で何が起こっているのかをスピード感を持って正確に把握する**ことが重要です。

　SNSの担当者やその上層部は、従業員とお客様との間でどんなやり取りがあったのかを直接見聞きしていないケースがほとんどです。そこで、**当事者である従業員のほか、同じ空間にいた他の従業員にも状況を確認し、正確に状況をつかんでください。**

　この時、当時者である従業員は自身を正当化するために顧客に責任があることや自身にミスがなかったことなどを強調するケースがあります。ですから、当事者からの聞き取り内容を鵜呑みにし、その情報をもとに対応方針を定めると、のちに異なる事実が発覚しさらに大きな批判を浴びる事態となる可能性があります。とにかく、**複数の関係者から情報を集めて事態の輪郭を正確に理解**するようにしてください。

　現場での現状把握と同時に、トラブルそのものの拡散状況についての情報収集も重要です。炎上が起きたSNSの**投稿やコメント、関連するハッシュタグなどを網羅的に調べて**いきましょう。Xの検索機能や「Yahoo! リアルタイム検索」を利用すると便利です。

　投稿者やコメントの書き手の属性や背景、他の関連ユーザーとの関係性を把握することも役立ちます。こうした情報収集によって、炎上の規模や状況をより正確に評価できます。

　情報収集の際には、実名での投稿やコメントだけでなく、匿名や偽名のものも確認しましょう。情報が真実であるかどうかを確認するため、第三者の意見や関連する情報も調査することが重要です。
　また、問題となっている事象の拡散状況を把握するために、**リポストやシェアの数などの指標を監視しましょう**。これによって、問題の**拡散速度をチェック**できます。

　ただ、現状把握や情報収集を進めている間にもSNS上では該当する事象への言及が増加している場合があります。ですから情報収集作業を進めながら、適宜必要な対応が必要です。**「お騒がせしていて申し訳ない」「現在調査中である」など、希望的観測や早まった謝罪などがないよう、正確に現状を伝える**ことで対応してください。

### ▼データの整理が重要

　現状の把握と情報収集作業を進め、ある程度全貌が見えた段階で対応方針を定めてください。企業として当事者や世間に向けてどんなメッセージを発信するのかを明確にし、その方針に則って誠実に対応してください。

　ひと通りの対応が一段落したら、**把握した情報をまとめて保存し整理**しましょう。スクリーンショットやURLの保存などを行ない、**証拠となるデータを残しておく**ことが重要です。情報を整理し、わかり

## 情報を整理しておくことが大事

**問題に言及した投稿関連**

・発端となったユーザーの投稿
・拡散（リポスト、いいね！、
　返信など）していった投稿
・ハッシュタグ

スクショや URL を保存

**顧客・ファンからの投稿関連**

・好意的な意見の投稿
・擁護してくれた意見の
　投稿

担当者の励みになる

---

やすい形でまとめておくことで、対応チームがスムーズに情報を共有できるようになります。このデータ整理が、今後の対応策の策定や報告、そして経験から学ぶための資料となります。

また、普段からそれぞれの SNS プラットフォーム上で他のユーザーと良好な関係性が構築できていたり、通常の営業活動の中で顧客からの信頼感が厚い企業やお店の場合、トラブルの最中でも好意的なユーザーから擁護するような投稿が発信されているケースもあります。

このような好意的な投稿は、**どんな点が顧客から評価されているのかを見直す契機になり、かつトラブルからのリカバーを図る際のヒント**にもなります。トラブル対応という精神的にも苦しい中、SNS 担当者を励ましてくれる言葉でもあり、あわせて保存しておくことをおすすめします。

# 騒がせていることについて
# 自社の考えを発信する

　ユーザーからクレーム的なコメントが書き込まれた、SNSで自社に対する批判や不満が話題になっている——。このような状況の中でどのような対応をすればよいのか、どんなメッセージを発信したらよいのかがわからず、指をくわえて自社が叩かれる様子を見ているしかない状況に陥ることがあります。

　まず謝罪をするべきなのか。事実を確認するべきなのか。完全に無視を決め込むべきなのか——。
**完全な答えはありません。**
　この本の筆者としては無責任かもしれませんが、現実的には「状況によって適切な行動を取りましょう」としか言えません。完全に自社に非がある場合、企業側と顧客側の考え方の違いによって発生した事象、顧客による勘違いや意図的な捏造、それぞれ対応方針は異なります。

　しかし、ありとあらゆる種類のトラブルを見てきて、特に事象が発覚して**早い段階で取るべき間違いのない行動**がひとつだけあります。
　それは、この項のタイトルにもあるように、「**騒がせていること**」そのものについて自社の考えを伝え謝罪をすることです。

SNSで日常的に情報を発信しユーザーと交流していると、企業アカウントであっても多くのユーザーとの関係性が深くなります。ユーザーによっては企業アカウントを知人のような感覚で接して、コミュニケーションが活性化された状態となる場合もあります。

そして、その企業がなんらかのトラブルに巻き込まれている情報が広まると、何があったのかを知りたいユーザー、ストレートに心配してくれているユーザー、あるいはよくない情報を見て幻滅するユーザーなど、それぞれの立場でさまざまな感情を持って状況を見ることになります。

さらに騒動が広がると、普段は交流していないユーザーからも新たに注目を集めることになります。現在、発生している事象やそれに対する書き込みだけを読み、あらゆる憶測が増大していきます。そしてその憶測がエスカレートし、悪意を持ったコメントを付与して情報が拡散されていきます。

企業側ではまだ完全に事実を把握していない状況である一方、一般ユーザーの憶測も含めたよからぬ情報の拡散は止まらない。

このタイミングで取るべき行動は「騒がせていることを謝罪する」ことなのです。

状況がわからなくても、**なんらかのトラブルが発生していることと話題の中心が自社であることは紛れもない事実**です。自社に非があるかないかは別の問題です。

**多くのユーザーが該当する事象について言及しているにもかかわら**

ず、企業の公式アカウントが何も発信しない状況を続けると、ユーザー間での不信や不満が高まります。中には便乗して、ありもしない捏造情報や他の不満を発信するユーザーが発生する恐れもあります。

> ○○の件でお騒がせしております。現在私どもでも情報を収集しています。正確な情報が判明次第、改めて皆様に詳細な状況をお伝えいたします。お騒がせして申し訳ありません。

　このような投稿をしておくだけで、**企業側が無視を決め込んだり、裏で不適切な処理を行なっているのではないことを伝えられます。**

　状況が不明確な中で早まって該当の事象に対して謝罪することは不要です。この段階で事象に対して謝罪をすると、本来謝罪するべき内容ではなかったことがのちに判明した場合、リカバーに要する労力が大きくなります。

## ▼ 自社の苦労は伝えない

　ただし、「お騒がせしていることについての謝罪」をする際に注意してほしい点があります。まず、「自社もこの騒動に巻き込まれて苦労（迷惑・疲弊）している」というような表現は、ユーザーからの反感を買うケースがあります。

> 業務時間を延長し事実確認をしておりますが、詳細は未確認です。

> 私どもも困惑しております。

> 対応に追われ事実確認が遅れています。

## クレーム的なコメントが書き込まれたら

**1 事実確認を重視する**

まずは、騒がせている事象について正確な情報を入手することを最優先とし、そのための取り組みを行なっていることを発信しましょう。誤った情報や憶測に基づいた考えを発信することは避けるべきです。

**2 誠実で透明性のあるコミュニケーションを心がける**

自社の考えや取り組みについて、ユーザーに誠実で透明性のあるコミュニケーションを行ないましょう。隠蔽や不適切な対応を避けることが、企業の信頼性を維持するために重要です。

**3 謙虚な姿勢で謝罪する**

騒ぎが起こっていること自体を認識し、関係者やユーザーに対して謙虚な姿勢で謝罪を行ないましょう。具体的な事象に関する謝罪は、事実が明確になってから行なうべきですが、現時点で騒動を引き起こしていることについての謝罪や説明は必要です。

**4 企業の価値観や方針を明確に伝える**

騒がせている事象に対する自社の考えや対応方針、企業としての価値観を明確に伝えましょう。ユーザーが自社の取り組みや考え方を理解しやすいように、簡潔かつわかりやすい言葉で表現することが重要です。

**5 ユーザーの声を大切にする**

ユーザーからの意見や質問に対して、丁寧かつ適切に対応し、その声を大切にすることを発信しましょう。これにより、企業がユーザーの意見を尊重していることが伝わります。

このように言及すると、「**気分を害している（被害を受けている）人が実際に存在するのに、自社の苦労を押し売りするな**」というようなコメントが書き込まれ、無用なトラブルを誘発してしまうケースがあります。

状況が判明していない時点では、余計な情報は記載せず、事実のみを誠実かつ正確に発信するようにしてください。

# 現時点で判明していることを発信する

　現状を把握する作業を進める中で、**詳細な事実まで判明する事項と不明瞭な事項が共存するタイミング**が発生します。例えば、前述した食品通販の事例（94 ページ）で、ウェブサイトに掲載されていた賞味期限と顧客の手元に届いた商品の賞味期限に大きな差異があったケースで見てみましょう。

　SNS で話題が広まっている過程で、下記のような状況が同時に進行しているタイミングが存在することが考えられます。

・サイトと顧客に届いた実物の賞味期限に差異があったことは事実。
・サイトには製造された時点を起算とした賞味期限についてのみ記載されていたことも事実。
・「サイトに掲載されている賞味期限は製造された時点を起算としており、顧客の手元に届いた時点の賞味期限と差異があることは問題がない。従って現在の事象は企業側の責任ではない」と顧客に説明する際、担当者の判断で対応したのか、あるいは店舗責任者などに確認しそのように回答したのかは不明。
・今回の SNS の騒動の中で、サイトの該当部分に「賞味期限は製造日を起算とする」旨が追加されたのは、顧客への説明のあとか前か

を関連部署に確認中。

　ただでさえSNSトラブルへの対応という事態で混乱している中、どの情報をどのように発信するのか、あるいは何も発信しないでおくべきなのか、担当者はさらに非常に厳しい判断を強いられることになります。

## ▼状況把握作業中の発信の３つのポイント

### ①ウソをつかない

　企業の行動としてウソをつかないのは当然です。しかし現実には**トラブルをいち早く収めようと、「ウソ」に近い情報が発信されてしまう**ことがあります。

　例えば、「従業員に聞き取り調査をした結果、該当のような発言はしていない」「該当の件については日頃より徹底的に教育しているため、従業員からそのような言動があることは極めて考えにくい」などです。

　トラブルの発端となったユーザーに悪意があり、**架空の情報を拡散させて企業を貶めようとしている可能性もゼロではありません。**

　しかしまずは、顕在化している状況を客観的に判断してください。従業員から聞き取った内容が、「自分はそんな内容の発言はしていない」だったのであれば、現在のような状況となった経緯は不可解極まりありません。身内を疑うことは難しいケースもありますが、疑わないまでも「ではなぜこのような事態になっているのか」と想像力を働かせてください。そして自身が納得できる情報を入手するまでは、SNSでの発言は慎重にしてください。

## ②明確に判明している情報は包み隠さず発信する

　全貌が判明する前に、現段階で明確に確認できている情報を随時発信することがベターなケースもあります。

　例えば、先の例で言うと、「該当するお問い合わせがあったことは確認できている」「現在ウェブサイトでの記載内容は変更されている。調査した頃、○日○時頃に変更されたことが確認されている」など、比較的容易に確認できる事項を発信します。現状把握調査の経緯を発信することで、他のユーザーからのあらぬ憶測を抑制します。

## ③判明していない情報は「判明していない」「確認中である」など 事実を発信する

　逆に、説明が必要だが詳細が判明していない事象についても、その旨を発信することをおすすめします。先の例に当てはめると、「どの従業員がどのような経緯で記載されているような対応をしたのかは確認中」「ウェブサイトへの記載が変更された経緯について調査中」などを各段階で発信します。

　**ユーザーが知りたいことについて、企業側が無視しているような印象を与えないためにも、**それぞれの事項について社内で調査の動きが進んでいることを伝えます。

　SNSで自社の話題が中心となった大きな騒ぎが発生している場合に、騒動を鎮静化させたいという思いが先に立ち、未確認の情報を希望的な観測を含めて発信してしまうことがあります。状況が100%明確になっていない中、「該当の件については適切に対処している」「そのような発言はなかった可能性が高い」など、自社の責任がないかの

ような発信は危険です。のちに事実が明確になり、先に発信した内容とは異なる状況であったことを説明する事態になると、批判の拡大を逃れることはできません。

## ◤ トラブルの発端となったユーザーをないがしろにしない

「何か対応しなければいけない。でも全貌が把握できているわけではない。このまま動かないでいるとどんどん批判が広がっていく」

あまり考えたくはないですが、SNSを利用しているすべての企業やお店でこのような状況になる可能性があります。万が一あなたのビジネスで同様の事態に陥った場合は、落ち着いてこの項で紹介した①〜③の項目を読み返してください。そして、その時点で入手している情報の中から、今明確に発信できる情報を選択し、先入観を持たずに投稿するべき内容を考えてください。

この項の最後に大事なことを書いておきます。ここで触れたのはあくまでもSNSで多くのユーザーに対して発信・対応するための施策です。しかし、**最も重要なのは直接不満を感じている顧客への対応**です。

SNS上の対応や情報収集は迅速かつ正確に行ないながらも、**トラブルの発端となったユーザーへの対応がおろそかになるようなケース**も散見されます。その場合、「この会社はSNSに投稿している自分への状況説明が一切ない」などと書き込まれ、さらに該当顧客の不満が増大する可能性があります。優先度を誤らないように対応してください。

# 正しい情報と誤った情報を明確に分けて説明する

···

　状況の把握を進めていくと、時間の経過とともに正しい情報と誤った情報が明確になってきます。従業員による顧客に対して不快な気分にさせる言動があったこと、誤った内容を説明していたことなど、自社に非があることが判明することもあります。一方で、悪意を持ったユーザーによって巧みに捏造された内容が拡散されていることがわかる場合もあります。

　それらの事実が判明した場合は、他のユーザーによってリアルタイムで拡散されている情報の中で、**どの情報が正しく、どの情報が誤っているのかを明確に記載**して発信してください。

　コンビニエンスストアを舞台に実際に発生した例を見てみましょう。一般ユーザーが、「この店員、最悪」というコメントとともに、店員が顧客に向かって店を立ち去るよう「お前など客ではない」と暴言を発している動画が、該当する顧客によってSNSに投稿されました。店員の口調や内容が非常にインパクトがあったため、その動画はすさまじい勢いで拡散しました。

　さらに後日、顧客が店に再び訪れ、コンビニエンスストアのオーナーと当該店員に謝罪を求め、謝罪の金品を受領したことも投稿されま

した。以降も悪評が拡大する中、このコンビニエンスストアの客数は激減。最終的には店舗を閉鎖撤退することとなりました。

　このケースでは、店側が一方的に悪い印象を与えられたことによって、最悪の結末を迎えました。しかしその後、偶然店舗に居合わせたトラブルとは無関係の顧客と思われるアカウントから事態を一変させる情報が発信されたのです。

　この発信者は毎晩、用もないのにこの店に来ていた。仲間と駐車場で大騒ぎし、数時間おきに大声で店内に入って来た。そのたびに非常に高圧的な態度かつ命令口調で店員にカウンター奥のタバコなどの商品を出すよう指示をしていた。少しでも店員がモタモタすると大声で怒鳴りつけ、店員が気の毒で仕方なかった。

　たまたまその日も自分が店に入った時にその客が来ていたのでイヤな気分だった。大きな声で言い争う声が聞こえ、目を向けるとスマホで動画を撮影していた。自分は巻き込まれたくなかったので何も買わずに帰った。

　もちろん、店員が顧客に対し暴言を投げかけた事実は非難されるべきです。しかし、その背景を知ると、そうせざるを得なかった状況も理解できなくもありません。店舗が閉鎖される前にその事実が明らかになっていれば、最悪の事態は防げた可能性もあります。

　この場合、SNSで騒動が拡散されている早い段階で、当時現場にいなかった店舗のオーナーやフランチャイズ元の従業員などが店員に

聞き取り調査をすることで、被害を緩和できたかもしれません。

　そして、もしこのコンビニエンスストア、もしくはフランチャイズ元でSNSを活用していれば、以下のような内容の情報を丁寧に発信することで、店舗閉鎖の事態は免れた可能性もあります。

・顧客が毎日、迷惑行為を繰り返していたこと
・他の顧客への迷惑にもなっていたこと
・当日は複数回にわたり当該顧客から罵声を受け、店員の精神状態が追い詰められていたこと
・実際に店員が発した暴言については動画の通りであり、弁解の余地はないこと

　真実は、「長期間にわたった該当顧客の迷惑行為が重なり、顧客に対して我慢しきれなくなった従業員が暴言を吐いたこと」。
　誤っているのは「単に気性が荒い従業員が当該コンビニエンスストアに勤務しており、たまたま来店した顧客に暴言を投げつけた」です。
　**背景には投稿されたものだけではわからないさまざまな過程があり、その最終結果として動画のような場面に到達していたのです。**
　このような説明を明確に発信することによって、「単なる暴言店員ではなかった」ことを示せたのではないかと私は考えています。

　このケースでは**店舗側のSNSアカウントがあれば、捏造された印象操作を迅速に正す行動ができていただろう**と悔やまれます。おそらく店舗のオーナーやフランチャイズ元は、騒動を収束させるために、とにかく謝罪するという選択をしたのでしょう。ちなみにこの騒動では、最初に動画を投稿した顧客は恐喝などの容疑で逮捕されるという

結末を迎えました。

　ビジネスを運営している店舗や企業の従業員から発せられる暴言など、非社会的な言動はどんな場合でも非難されてしかるべきです。しかし、時には**SNSで発信されている情報を鵜呑みにせず、企業側が事実を確認し毅然と対応することで自分のビジネスを守る**こともできるのです。

　そのためにも事実確認作業の過程で、現在SNS上で言及されている内容のどこまでが正しい情報で、どこからが誤っているのかを確認することが重要です。さらに事例の案件のように、この事象の裏では何があったのか、この事象に至った経過はどのようなものだったのかを聞き取り、調査などで正確、かつできるだけ早い段階で把握するように動いてください。

　特にXやInstagramなど、実名登録が義務化されていないSNSでは、誤った情報や事象の一部を切り取った動画などが投稿され拡散することがあります。それらの投稿を閲覧した一般ユーザーは、自分の見える情報だけを見て何が起こっているのかを判断しますので、企業にとって不利益になる情報となってしまうケースがあります。

　あなたの会社で同様の事態が発生した際には、非がある部分は認めて謝罪するのは当然ですが、明らかに誤っている部分についても明確に説明してください。

# 批判への対応をチャンスに変える

　SNS を運用している限り、批判やクレーム、ネガティブな意見から 100% 逃れることはできません。これらの意見に対しては、自社に非がある場合は指摘を誠実に受け止め、真摯に対応するのが基本です。しかし、**顧客からのクレームへの対応の誠実さが称賛されて、企業にとってのチャンスに昇華される**ケースもあります。事例を見ながら解説しましょう。

　あるオンラインゲームで不具合が発生し、ユーザーは数時間にわたってゲームをプレイできない事態となりました。この時、X でゲーム名を検索すると「不具合」「つながらない」「もうダメ」などの関連ワードが表示されており、システムの不安定さを嘆く声が続出していました。それまでも一定の頻度で不具合が発生していたため、「もう我慢できない。みんな、こんなゲーム二度とプレイしないようにしよう」などと、他のユーザーを巻き込んでゲームの利用をボイコットするような動きも見られる状況となりました。人気があったゲームアプリであったため、ユーザーの落胆も大きかったようです。ゲームアプリにとってユーザーの離脱は死活問題です。

　このゲームアプリでは公式 X アカウントを運用しており、通常時

はゲーム内イベントのお知らせやアップデートのスケジュールなどの告知情報などを発信していました。そのほかにもユーザーとコミュニケーションを図るために、毎日のあいさつやゲーム内に出てくるキャラクターをハロウィンなど季節のイベントに合わせて変装させたイラストなどを投稿し、ユーザーとの親密度向上に貢献していました。

そして接続トラブルが発生した当初も公式 X アカウントを活用します。初期の段階では謝罪とともに「現在調査中」「復旧には○時間を要する見込み」など、SNS 担当者が把握し得る情報を随時発信しながら懸命にユーザーの不満を和らげるよう対応していました。

しかし、定型的な情報を発信するポストに対しても、「いつになったらプレイできるようになるのか」「根本的にサーバーを増強するなどの対応はないのか」などのコメントが書き込まれ、まったく鎮静化しない状態が続きます。

そこで SNS 担当者はこう考えたのです。
「とにかく不具合は続くけれど、これだけゲームをしたいと思ってくれている人が大勢いるのはありがたいことだ。ゲームそのものは提供できない中で、復旧を楽しみにしてくれている大勢のファンを楽しませる方法は何かないものか」

そこで、SNS 担当者はゲームのキャラクターを題材としたクイズをフォロワーに向けて投稿し、返信欄に回答をもらいながら話題を広げて盛り上げることで、ユーザーの不満の逃げ場にしてみようと試みることにしました。

一歩間違えれば「そんなことより早く復旧させろ」と批判されそう

な試みではありましたが、このままでは不満は膨らむ一方です。どうせ何もしなくても批判されるタイミングだから、楽しんでくれる人が少しでもいればとの思いで最初のクイズを投稿しました。

> それでは復旧するまでにクイズです。○○（キャラクター名）がいま食べたい夜食は？

投稿された時間は午後11時をまわったばかり。ユーザーもお腹が空いている頃ではないかと考えた担当者が、苦し紛れに夜食についての話題を投げかけました。あとで聞くと、この時担当者は、この30文字程度の文章を書き込んだあと、投稿ボタンをクリックするまでに15分ほど迷ったそうです。本当に今こんな投稿をしても大丈夫なのかと迷いに迷いながらも、担当者は意を決して投稿ボタンをクリックしたそうです。

結果は想定以上の好反応でした。投稿直後から「おにぎり！」「ラーメン！」「バナナ！」など、公式アカウントが発信したお題について次々にコメントか書き込まれたのです。SNS担当者は書き込まれたコメントに対し、一つひとつ丁寧に返信していきます。「おにぎりは具による」「ラーメンは昼に食べたからいらない」「フルーツな気分ではない」など、他愛のないやり取りがはじまります。ゲームそのものは稼働しない中、ユーザーは公式アカウントとのコミュニケーションを楽しみはじめました。

その後も状況報告を挟みながら、次々にゲームを楽しんでいるユーザーにしか理解できない題材や登場キャラクターについてのクイズを

投稿しては、コメントが多数書き込まれるという流れを続けることができました。

　ユーザーの不満がまったくなくなったわけではありません。しかしゲームをプレイしたいユーザーが、その代替としてゲームに関する話題で公式アカウントと会話するという、即席イベントを楽しんでもらうことに成功したのです。

　数時間の復旧作業を経て、翌午前４時頃にようやくシステムが回復し通常通りゲームがプレイできるようになりました。SNS担当者は胸をなでおろして復旧したことを伝える投稿を行ないました。

> 大変長らくお待たせしました。先ほどシステムが復旧しました。ご迷惑をおかけしましたが、通常通りプレイできる状態になりましたので○○（ゲーム名）をお楽しみください。ご迷惑をおかけいたしまして申し訳ありませんでした。

　夜数時間にわたってＸでファンへの対応を行なっていた担当者は、復旧報告投稿をした直後に疲れ果てて寝てしまいました。数時間後、目をこすりながらＸを開くと100件を超える投稿があると表示されています。「まだ何か炎上しているのだろうか……」と憂鬱な気持ちで内容を確認したところ、以下のようなコメントが書き込まれていました。

> お疲れ様！　ゆっくり休んでね！

> ゲームはできなかったけど楽しかったよ！

アプリが落ちていたから早く寝ようと思ってたのに○○（ゲーム名）のXがおもしろくて夜ふかししてしまった笑

次にアプリが落ちた時もクイズ大会は開催されるのでしょうか？笑

　この企業のサービスの本丸であるゲームアプリの提供ができなくなるという致命的な状況を、SNSでの対応が救ったのです。

　もちろん、他のどんな商品でもどんなサービスでもこの手段が利用できるというわけではありません。また、事例のような対応を誰もができるものではありません。この企業のSNS担当者は**プライベートでもSNSを高頻度で利用しており、Xの文化やユーザーの性質を熟知していたことも、すばらしい対応ができたことの要因のひとつでも**ありました。

　しかし、炎上などのトラブルが発生した際や、クレームが拡散され多くのユーザーの知るところとなった場合、ストレートに情報を伝えるだけではなく、他の手段でユーザーの不満を解消できないかを考えることはデメリットにはならないはずです。
　**真摯に対応をする。謝罪するべき点は謝罪をする。**これは当然です。一方で、特に普段からSNS上で他のユーザーとコミュニケーションを図っており、ファンとの距離感が近いSNSアカウントであれば、**何か突破口があるかもしれません。**万が一の事態のために、ここで紹介した事例も頭の片隅に置いておいてください。

# 5章

▲

# 自社 SNS 発信の内容・企業姿勢・事業内容への批判に対応する

▲

# 他社商品の評価リストを
# 作成して批判を集め、
# アカウント停止に

　地方のメーカーが運用していたSNSアカウントで、当時人気拡大中であった飲食店のメニューについての言及がありました。メーカーと飲食店は資本関係などもなく、話題に便乗して取り上げたものでした。おそらくメーカーのSNS担当者には飲食店を悪く言う意図はなく、一定の影響力がある自社アカウントで話題にすることによって双方にメリットがあると考えての発信だったのでしょう。

　対象である飲食店の各メニューに対して、メーカーのSNS担当者は人気メニューをいくつかピックアップします。そして、それぞれのメニューをリスト化し、担当者個人の私見で100点満点での採点をして併記していました。

　実際の投稿では自身の採点が高いものを上部に、点数が低くなるごとに下部に表記し、各メニューについての寸評が記載されていました。実際の価格以上に価値があるとメーカーの担当者が判定したメニューについては賞賛する寸評が記載されます。逆に価値が低いと判断したメニューの寸評欄には厳しい言葉が書き込まれていました。

〇〇（メニュー名）　98点　さすが定番メニュー。来店したら全

> 員一度は食べるべき。

> ○○（メニュー名）　13点　高額メニューの割には食材がパサパサ。手をつけたら負け。

　投稿されてまもなく、他のユーザーが反応しはじめます。中には「わかる！」と同意するようなものもありましたが、多くのコメントで「他社のメニューを勝手に評価して楽しいのか」「あなたの評価を押しつけられたくない」「御社の商品も評価してあげましょうか？」などと、批判が殺到する事態となりました。

　メーカーの SNS アカウントは騒動に対し謝罪を行ないました。しかし、続いてさらなる採点表を投稿したのです。

> 皆様のご意見を踏まえ、誤解を生む投稿であったことをお詫びします。正確な採点表を再度作成いたしました。

　そこに添付されたのは、当初20点以下とされていたメニューの採点を「未食」と書きかえたものでした。「自分の好みではないメニューであり食べたことがない、従って得点はつけられない」という意図であったようです。

　この再投稿が文字通り、事態の火に油を注ぎます。メーカー側のファンからも「いつも楽しい投稿をしてくれていたのでフォローしていたのにがっかりだ」などと、まさしく全方位から批判を浴びる事態に発展しました。

事態は収拾がつかず、ついに「誤解を生む投稿を立て続けに発信し申し訳ありません。関連する投稿はすべて削除いたしました」と、投稿を削除するとともに改めて謝罪文が投稿されました。

　しかし、その後もユーザーからの批判は止まりません。

> 削除するだけじゃなくて企業として正式に謝罪するべきでは？

> 意図がわからない。なぜ突然あのような発信をしたのか？　正確に説明するべきではないのか？

　などと投稿され、炎上状態が延々と継続されたのです。

　時間の経過とともにゆっくりと騒動は鎮静化へ向かいます。しかしこの騒動の詳細を記載した複数のネットニュースで大きく扱われ、リアルタイムで騒動を知ることがなかった多くのユーザーの知るところとなります。
　当該メーカーのアカウントは、企業規模は小さいもののフォロワーは数万人獲得しており、影響力の大きなアカウントとして認知度も高かったため、騒動のインパクトも大きなものとなりました。

　騒動が発生してから約1週間後。その間メーカーのSNSアカウントは一切更新されていなかったのですが、突然、以降の運用に関する投稿文が発信されました。

> 問題の投稿を発信した○○（メーカー名）の公式アカウントは、今後一切の運用を停止します。

　一部のビジネスユーザーにとって SNS 運用のお手本のように認識されていたこのメーカーのアカウントは、一連の騒動を経て閉鎖することとなりました。

## ☑ SNS で言及してはいけないこと

　企業の公式アカウントで他社商品を批評したことが、この騒動の最大の要因です。ユーザーから発せられた一連の批判投稿の中にもこのような指摘がありました。

> 同じ内容のものが個人アカウントから発信されていても気分が悪いのに、企業名で運用している公式アカウントがなぜこのような投稿をすることになったのか？

　企業の公式アカウントが他社の商品やサービスについて言及してはいけないということではありません。私がサポートしている企業には、他社のアカウントと絡んだり、商品などを紹介してコミュニケーションを取ることでより影響力が大きくなるケースもあるので、むしろ他社商品についての言及を推奨しているケースもあります。

　ただし、他社について言及する際は必ず「**よい部分をピックアップして紹介する**」ケースに限ります。他社についての悪い内容や批評は、それが事実であったとしても、絶対に SNS で言及するべきではありません。

SNSの担当者も人間です。他の企業の商品について使用感が満足できなかったり、対応が不手際だと感じることなどもあります。しかし、それを自社の公式SNSアカウントで発信する必要はまったくありません。

　どうしても発信したいのなら、自己責任のもとにプライベートで使用している個人名のアカウントから発信してください。

事例2

# 災害時に販促情報を発信

... 

👍 💬 ↪

　関西地方で震度5を超える比較的大規模な地震が発生しました。テレビやネットのニュース速報で各地の震度が発表されるとともに、沿岸地域には津波警報が発令されます。日が落ちたあとで、建物の崩壊など被害の状況についての全容が判明するのは比較的遅くなるような状況でした。

　このタイミングで某小売店チェーンがSNSに投稿します。

> 皆さま地震は大丈夫でしたでしょうか？　まずは火元の確認など急ぎましょう。大きな地震が続いていますがおケガなどされませんように。

　ここまではユーザーを思いやりながら注意喚起を促す、まったく問題のない投稿です。しかし投稿文は続きます。

> この機会に弊社で扱っている防災セットをご購入ください！　こちらのサイトで購入できます→ https://... （商品ページへのリンク）

　一見、問題なさそうに見える投稿です。しかし、この投稿に対して

多くのユーザーから批判のコメントが書き込まれます。

現地の状況がわかってないのに商売ですか？

こんな時に自社の利益を追求するのは見ていて気分が悪いです。

災害に乗じて売り込みするのはダメなんじゃないでしょうか。

このタイミングで宣伝ってすごいですね。

　当時数千人のフォロワーがいたこのアカウント。この騒動を経て3万人までフォロワーが膨らみます。通常時であればフォロワー数が拡大することは喜ばしいことですが、この時に増えたフォロワーは、ほぼすべて批判的な意向を持ってフォローしたユーザーでした。**新たにフォローしたユーザーは企業側が次にどんな発信をするのかを監視するためにフォローしていたのです。**

　批判コメントが続々と書き込まれる中、翌日当該アカウントは一般ユーザーには閲覧できないよう非公開設定とされます。非公開とすることによって、元の投稿にコメントが書き込まれたり拡散される動きをストップさせることができました。
　しかし、リアルタイムで該当の投稿を見ていたユーザーの中には、スクリーンショットで撮影して保存していた人もいます。非公開になるやいなや、心ないユーザーがそのスクリーンショットを投稿し数日間情報は拡散され続け、騒動は継続しました。

　企業のウェブサイトには、災害のあった人に対して配慮が足りなかったことについて謝罪する文面を掲載されました。続いて SNS アカウントの再開について社内で協議されたものの、謝罪をするのか通常通り投稿を継続するのかなど議論がまとまらず、アカウントは非公開の状態のまま数ヶ月が経過します。

　1 年後、ようやく販促キャンペーンの告知内容を含む発信をし、再開に至ります。最終的に、有効な販促ツールである SNS アカウントを 1 年間停止せざるを得ない状態となったのです。

## ▼ユーザーの気持ちを考える

　**「災害直後というタイミングと販促投稿は極めて相性が悪い」**ということを SNS 担当者は知っておきましょう。販促情報を含んだ投稿が悪いわけではありません。むしろ SNS は、直接的あるいは間接的に自社の売上に貢献するために運用しているものであり、一切、販促情報が掲載されていない状態は不自然でもあります。

　しかし今回のケースでは、災害が発生し、被害状況が明確になっていない段階で、販促リンクを掲載したことが炎上の引き金となる大きな要因となりました。

　災害が発生し、該当するエリアに住んでいる方を気遣う「皆さま地震は大丈夫でしたでしょうか？　まずは火元の確認など急ぎましょう。大きな地震が続いていますがおケガなどされませんように」という一文を書いていました。

　この部分までで留め、自社商品については触れずに投稿していたらまったく問題はありませんでした。この文章のあとに続く、自社商品

の紹介と購入リンクを記載したことが大きな分岐点となったのです。仮に被害エリアの居住者を気づかう投稿のみに留め、後日現地の状況がわかり被害がなかったことが判明したあとに販促投稿をすれば、結果は変わったはずです。例えば、このような投稿です。

> 昨晩の地震は驚きましたが、被害はなかったようで安心しています。災害時にご安心いただけるよう、弊社でも防災グッズを取り扱っています。この機会にご準備されてはいかがでしょうか →
> https:// ...（商品ページへのリンク）

　災害直後は混乱の中、目の前の事態に対応する必要があった現地の人たちも、事態が落ち着いたあとなら今後の備えについて冷静に考えることができるはずです。さらに現地以外のユーザーの中でも防災意識が高いユーザーなどからは、批判どころか逆に感謝をされる流れになるかもしれません。実際に発生した災害を踏まえ、自社のグッズがユーザーによって紹介されるような流れになる可能性もあります。

　企業視点で見ると、販促のために活用されることも多いSNSですが、**ユーザーは「モノを買わされる」ためにSNSを利用しているわけではありません**。災害時などは状況を把握するための貴重な情報源としてSNSのフィードを閲覧しているユーザーが増えます。そこに安全な場所から発信された、しかも災害に便乗したととらえられる販促投稿を見たユーザーは、あなたの企業にどのような印象を持つのかを想像してください。決していい気分ではないはずです。

　特に災害発生時などには投稿ボタンをクリックする前に、もう一度ユーザーの気持ちになって全文を読み返すようにしましょう。

# 直接レスポンスをしない

　意図的でなかったとしても、他のユーザーが不快に感じる投稿をしてしまった場合、批判的なコメントを書き込まれることがあります。真摯に受け止めるべき内容のものもありますが、中には事実無根で度が過ぎた誹謗的な内容のコメントが記載されることもあります。

　SNS担当者としては、騒動の発端となる投稿をした自社アカウントに責任があることは理解していることでしょう。しかし一方で、特に事実無根の便乗コメントなどにはつい反論したくなるものです。

　しかし、**個別の投稿に直接返信することはデメリットしかありません**。それによって事態が好転することもあり得ません。直接返信することを引き金に、誹謗コメントを書き込んだユーザーから無用な反発コメントが繰り返し書き込まれる事態となったり、該当する事象とは無関係な悪評を流布されたりするケースもあります。

　SNS担当者も人間です。反論したくなるようなコメントが書き込まれると、感情が高まり反射的に反論したくなるところです。そのような場合でもSNS担当者は、**少し時間を置くなどして冷静に判断**してください。

## ▼売り言葉に買い言葉で炎上拡大

　では、誤った内容を書き込まれたり、さらにそのことによって騒動が大きくなるような事態に発展しそうな状況で、企業アカウントはどう対応するべきでしょうか。以下の事例から考えてみましょう。

　関東の某企業。**自社の社員を自虐的に「社畜」と表現し、勤勉に長時間労働をしている様子を投稿**しました。実態は、社員も特にその労働環境に大きな不満があるわけではく、企業に貢献していることにやりがいを感じている雰囲気のようです。

> 社畜たちは今日もこの時間まで労働に励んでおります！（21:00頃の投稿。オフィスで勤務している社員の後ろ姿を撮影した画像が添付されている）

　長時間労働や過労死が問題となっている昨今の状況の中、「社畜」というワードに多くのユーザーが反応します。そして、その一つひとつのコメントに企業のSNS担当者は反論します。

> こんな会社いまでもあるんですね。

> 返信：はい、ここにあります。

> 社員たちはどう思ってるか聞いてみたらどうですか？

> 返信：社員自身も喜んで自分たちのことを社畜と呼んでいます。ご

心配無用です！

もちろん残業代はフルで支払ってるんですよね？

返信：法律は遵守しています！

社畜というレッテルを貼られて SNS に投稿された社員さんかわいそう。

返信：撮影前に声をかけています。彼らも SNS に掲載されていることを喜んでいるはずです！

　**売り言葉に買い言葉**。さらに労働条件の遵守という最近の風潮に合わない的外れな返信が繰り返されます。案の定、返信そのものを含んだスクリーンショットが拡散されて、騒動は収束するどころか拡大する一方となります。

　炎上がはじまった翌日になっても騒動は収まらず、ついにサイトと SNS より代表者名でメッセージが発せられました。

弊社従業員が SNS の公式アカウントで、従業員その他懸命に働く人々全般に対して尊厳を傷つけかねない不適切な発言をいたしました。弊社を応援してくださっている皆様、ならびに不快な思いをされたすべての皆様に対し、深くお詫び申し上げます。

　最後は社長がお詫びする事態にまで至りました。その後この企業の

SNS アカウントは数ヶ月停止し、その間 SNS での発信機会を喪失することとなります。ではこのケース、どう対応すればよかったのでしょうか。

## ▼ 閲覧者全員へのメッセージをいち早く発信

　まず、当初騒動の発端になった発言自体が原因ではあります。担当者は「社畜」というワードを使った投稿が、これほど大きな反響を呼ぶとは想定していなかったように見受けられます。この点については SNS の発信をどうするかという問題以前に、**ビジネスの場でのワードの選択など根本的なマナーを教育する必要**があります。

　問題は炎上状態となったあとの対応です。上記のように、書き込まれた批判コメントの一つひとつに反論するようなコメントを返信しています。商品の告知やコミュニケーションを図るための投稿では、すべてのコメントに返信することによって効果を上げることができるのが SNS の特徴ではあります。しかし、SNS でトラブルが発生し、批判的なコメントが立て続けに書き込まれた場合、この対応は高い確率で炎上の拡大を招くこととなります。

　**批判コメントを書き込むユーザーは、自身のコメントに公式から反応が返ってくることでさらに注目します。**さらに公式アカウントからの返信が的外れなものであったり、挑発するような内容であれば、そこからも騒動は拡大します。

　炎上時には一つひとつに返信したい気持ちをグッとこらえて、個別のコメントには対応しないようにしてください。そして、コメントを書き込んだ人も含むすべての閲覧者全員に向けて、新たな投稿で当該

事案に対する謝罪や対応方針を発信してください。

　上記の事例でも批判的なコメントが多く書き込まれていることを確認した段階で、閲覧者全体にメッセージを発信するべきでした。個別に対応するのではなく、のちに社長がサイト等で発信したようなメッセージを早めに投稿することで、被害は小規模に留めることができたのではないかと考えられます。

# 背景や経緯を丁寧に説明する

    SNSでのトラブルや炎上が発生した際、その後発信する情報が断片的であったり、不十分であったために事態が悪化するケースがあります。その際、**問題の発端や経緯をわかりやすく説明**することで、発信者側の真意が伝えきれていなかったこと、ユーザー側に誤解されることを防ぎます。

    また、情報を閲覧したユーザーや関係者に、正確に状況を理解してもらうためにも正しい情報の説明は必要です。**わかりやすい言葉を使い、時系列で事態を整理したり関連情報を提示する**など、ユーザーが状況を追いやすい形式で情報を提供しましょう。

    ここでもうひとつ事例を見てみます。ある地方の家具メーカーでのSNSキャンペーンが炎上したあと、続く事態の説明がユーザーの納得感を得られたケースです。

    このキャンペーンでは、メーカーとイラストレーターがコラボレーションし、自社商品の購入顧客層を茶化したイラストを公開して展開されました。メーカーの意図としては、イラストを起点としてユーザーとのさまざまなコミュニケーションを発生させたいというものでした。しかし少し度が過ぎたのか、イラストを見たユーザーから反感を買うコメントが殺到。炎上状態となり、キャンペーンは中止すること

を余儀なくされました。

　さらには、もともと SNS で影響力があったイラストレーターの個人アカウントにも多くの非難コメントが書き込まれるという事態となります。

　このあと、メーカーからは謝罪文の掲載とともに経緯の説明が行なわれます。説明の内容は要約すると以下のようなものでした。

> 半年前から計画されていたキャンペーンで、広報部主導で行なわれた。

> 当該イラストレーター氏に依頼したのは、以前よりメーカーの広報担当が自社との相性がよいのではないかと考えていたから。

> 当初イラストレーター氏から提案のあったイラストは、最終的に採用したものと比較すると穏やかな表現であった。メーカー幹部が原案を確認後改めて修正を指示し、複数回の変更作業を経て最終的に発信するイラストを確定した。

> キャンペーン直前に、SNS の利用経験が豊富であったイラストレーター氏からは「少し過激なのでは？」「不快に感じる人がいる可能性がある」と提案されたが、メーカー担当者は「自社とユーザーとの関係性を考えると、この程度は許容範囲だ」とし、提案を却下した。

> 社内他部署の従業員に事前に確認したところ、数名から「このイ

ラストを発信することは危険」だと指摘があった。しかし、この指摘に対してもイラストの変更等方向性を変えるには至らなかった。

イラストレーター氏からの直前の提案や社内からの指摘を却下したのは、内容が問題ないと判断したこととあわせ、提案されたタイミングからキャンペーン開始日までに期間が少なかったという要因があったことも否定できない。

今回の騒動の原因はすべて自社にある。イラストレーター氏からは明確に事前に指摘があったものの、それに耳を傾けずキャンペーンを推し進めたのは自社である。

　この説明のあとも、ユーザーが感じた嫌悪感を完全に払拭できたわけではありませんでした。実際、謝罪・説明のあとも、次のような批判が続きました。

謝ったからといって許されるものではない。

そもそも、なぜこのイラストを許容範囲だと判断したのかがわからない。

　しかし一方で、次のようなコメントも見られました。

イラストそのものが不快なことには変わりはないが、全面的に非を認めてイラストレーター氏には責任がなかったことを伝える企

業の姿勢には好感を持てる。

大好きなイラストレーターさんだったので、私と同じような普通の感覚で事前に指摘されていたことを知ることができて安心した。

発信してしまったものは取り返せないけど、そのあとの経緯説明ではまったく何かを隠蔽している感じがしない。正直に期間が少なかったことや内外から事前に指摘があったことも書いてる。

このように、リカバーの内容には一定の評価をしている意見も多く投稿されました。

## ▼正直に事実を伝える大切さ

このケースでは、多くのユーザーに不快感を与えたという事実については、完全に払拭することは不可能です。しかし、その後の対応では単に謝罪するだけでなく、**その経緯を時系列で伝え**ました。さらに批判されているイラストレーター氏との**実際にあったやり取りを公開**することでその立場を守り、今回のイラストを掲載したことに対する責任がすべて自社にあることを認めました。

今後このメーカーとコラボレーションするかもしれないパートナーにとっても、「守ってもらえる」という安心感を与えることができたのではないでしょうか。

ちなみにこの企業アカウントは、数日の停止後に通常通りの運用を再開しました。再開時には以前より頻繁にコミュニケーションを図っ

ていたユーザーに加え、今回の対応に好感を持ったユーザーとのエンゲージメントも高くなり、騒動前よりも影響力が大きくなりました。さらに後日、この時のキャンペーンの失敗を踏まえて同じイラストレーター氏とともに切り口を変えたキャンペーンを展開し大成功を収めました。ピンチをチャンスに変えた事例のひとつでもあります。

　ここまで見てきたように、トラブルや炎上が発生した際にはユーザーの見えない内部でのやり取りや、発端となる行動を推し進めた経緯などを正確に公表することがよいケースがあります。これにより、ユーザーや関係者に対して、誠実にSNSに取り組んでいることを伝えることができます。

# 説明はウェブサイトに掲載する だけでなく SNS にも投稿する

　SNS でトラブルが発生し炎上状態となった場合、自社に非がある場合の解決策としては、謝罪や詳細な説明を発信することになります。この時、どのメディアでどのような発信をしたらいいのか、担当者が迷うケースがあります。

　中には「謝る場所」の選択を誤り、騒動が拡大するケースも実際過去にありました。実例を見てみましょう。

　ある製薬会社の社員が、一般には手に入れることが難しい薬品を入手し、プライベートで悪用していたことが発覚。X で炎上したケースがありました。明らかに製品管理の不手際と従業員の管理体制に問題がある事象です。

　この時、製薬会社は X での炎上を受けて自社サイトにて、事態の背景・今後の対策・事件に対する行政上の手続き・当該社員の処分内容など、調査した内容を包み隠さず掲載しました。

　サイトに掲載された内容自体にはまったく不備はなく、この種のトラブルに対しての企業の発信内容としては、むしろ模範と言えるようなものになっていました。しかし、サイトに説明文を掲載したことによって、さらなる批判の拡散を招いたのです。問題は掲載したメディ

アと掲載方法にありました。

　1つ目の問題は、**炎上しているXではなく自社サイトのみに謝罪文を掲載したこと**でした。炎上の発端がXであったにもかかわらず、Xの中で謝罪を行なわなかったことにより、サイトで**説明があったことに気づかないユーザー**は批判を継続していたのです。

　Xには、1投稿に140文字までしか記載できないというメディアの特性があります。従って全文をXで投稿することはできないという事情もあったかもしれません。しかし、その**一部でも転載し、自社サイトの謝罪ページのリンクを掲載する**など、やりようはあったはずです。

　2つ目の問題は、**サイトに掲載されていた文面が検索できないように設定されたPDFデータでの発信**であったことです。Googleなどの検索エンジンで「○○（企業名）　炎上」などのワードで検索しても、謝罪ページがヒットしないように設定されていたのです。
　この設定に気づいたユーザーが、**「事態を隠蔽しようとしている」**「ほとぼりが冷めたら人の目に触れないようにするつもりなのか」などと騒ぎはじめ、事態の拡大を招きました。

### ◤▼ 謝罪や説明を行なう絶対的なポイント

　この事例から学ぶべきポイントは、SNSでのトラブルに対処する際は、ウェブサイトだけでなく、**炎上が発生しているSNSプラットフォームで謝罪や説明を行なうべき**だということです。
　そして、ウェブサイトに詳細な説明や謝罪文を掲載する際には、**検**

索エンジンで見つけられるような形で公開することが重要です。これにより、関心を持ったユーザーが適切な情報にアクセスできるようになり、不要な誤解や批判の拡散を防ぐことができます。

　さらに、**企業の公式アカウントを活用して、定期的に進捗や今後の対策を報告する**ことも有効です。ウェブサイトに本件に関する情報を更新したことや、不利益を被った関係者への対応などを発信するのもよいでしょう。これにより、**信頼回復に努めている姿勢**を示すことができ、ユーザーの理解や支持を得ることができるでしょう。

　有事の適切なメディア選択と発信方法によって、企業はSNSでのトラブルを効果的に解決し、信頼を回復することができるのです。

## 自然災害・大事故発生時は要注意

台風や地震など、大きな災害が発生した際に、プロモーションを含んだ投稿やキャンペーンなどを実施すると「不謹慎だ」と非難されるケースがあります。「そもそも、大きな災害が発生した際に販促的な要素を含む投稿をするのは、果たして不謹慎と言えるのか？」という議論については賛否両論あります。しかし、**不謹慎と感じるユーザーが一定数存在する**ことは明確な事実です。

災害が発生した直後にもかかわらず、どうしてもそのタイミングで販促情報を発信しなければいけないケースは、それほど多くないはずです。地震や気象災害などが発生した際は、いったん投稿をストップして情報収集するなどの対応を取るようにしましょう。

**【注意するべき災害の例】**

・地震が発生

・大雨による水害が発生

・台風の進路が、明らかに自社の関連するエリアであると予報されている

・大雪などによる交通麻痺。その他多くの人が空港や駅で足止めされている状況

・要人が絡んだ不幸な事件

　特に自社の商圏あるいはそれに準ずるエリアで災害が発生した時には、死傷者がいないか、建物や道路などに大きな被害が出ていないかなど、状況を確認してください。

　情報を収集しながら、**正確な情報であると確認できたものはシェアやリポストなどで拡散するのもよい**です。明確な状況が判明するまでは販促的な要素を含んだ投稿や、コミュニケーションを図るためのコメントなどは避けましょう。

　しかし判断が難しいのは、災害エリアと強度です。例えば、北海道で営んでいる店舗の SNS アカウントを、沖縄で発生した災害によって発信を控えるべきなのでしょうか。海外で発生した大津波のニュースが流れている時には発信をやめるべきでしょうか。また、震度6だったら発信を停止するが、震度5なら？　震度4でも控えるべき？など、現場では災害発生時の SNS での対応について迷うポイントが多数あります。

　この点については、**すべての企業に同じ「安全ライン」を示すことはできません**。商圏の広さやビジネスの形態によって基準が異なります。しかし状況に応じて SNS 担当者が迷うことのないよう、あらかじめ、**なんらかの基準を定めておくこと**が重要です。参考に私がサポートしている企業の対応例を次ページに掲載します。

　いずれの企業も、"**どこで何が発生したらどう行動するのか**"をすべて落とし込んでいます。記載されている内容についてはそれぞれ自社の状況に合わせて設定する必要があります。全国展開している企業

---

## 災害・事故時の投稿の決まり

---

> ### 例1 企業A（地方・複数店舗経営・飲食関係）
>
>
>
> ・災害発生エリア：自社の店舗がある都道府県
> ・地震の場合：震度5以上ならいったんすべての更新をストップ。
> 　予約投稿もいったん解除
> ・台風の進路にあたる場合：基本は更新ストップ。土日などに予約投稿を
> 　している場合は解除しておく
> ・その他大雨等災害：該当エリアに警報が出た段階で台風の場合と同様の
> 　対応
> ・投稿再開の判断は広報部長の指示による

> ### 例2 企業B（都内1拠点オフィス・企業向けコンサルティング）
>
> ・災害発生エリア：東京・神奈川・千葉・埼玉
> ・地震の場合：震度5以上でプロモーション系の投稿は停止。Xでは報道
> 　機関アカウントから発信された地震関連情報をリポストして拡散
> ・台風の進路にあたる場合・その他大雨等災害：プロモーション系の投稿
> 　は停止。Xでは気象庁アカウントから発信された関連情報をリポストし
> 　て拡散
> ・いずれの場合も予約投稿はいったんすべて解除する

---

と個人事業の店舗ではエリアについての記載は変わります。

　また、報道機関などから発信された災害に関する情報を、フォロワーのために拡散するかしないかは、企業の考え方によります。どちらがよいか悪いかという問題ではなく、災害時にSNSに向き合う人員などの現実的な状況から方針を定めておきましょう。

## ▼予約投稿のメンテナンスを怠らない

　災害時の対応でいずれの企業にも共通して設定されているのは、予約投稿の扱いです。予約投稿とは効率的に SNS を運用するために、設定した日時が来るとあらかじめ登録しておいた投稿文や動画などが発信される仕組みです。

　便利な機能なのですが、災害発生時に予約投稿のメンテナンスを怠ると、**思わぬトラブルを招く**ケースがあります。投稿を設定した段階では災害が発生することなど予測できなかったものが、災害発生後にそのまま投稿される事態が起こります。

　実際に、地震で鉄道がストップし多くの乗客が駅で足止めされている中、予約設定していたキャンペーン動画を大々的に発信した企業が非難されるなどの事態も発生しています。

　台風など天候関連の災害は、比較的あらかじめ予測できますので、数日前から対応できます。「過剰に対応して何も発生しなかったらどうするんだ？」というご質問をいただくこともあります。しかし、対応したけれども結果的に何事もなかった場合のリスクと、対応せずに実際に災害が発生した時の社会的リスクを比較すると、**危険だと感じた場合には状況に応じた対応をする**ことをおすすめします。

　一方、地震の場合は事前に発生情報を入手することは不可能です。対応するべきエリア内で発生した地震の情報を知ったら、まずは詳しい状況を確認し、あらかじめ定めておいた方針に則って対応してください。

# 炎上しやすいジャンルを
# 知っておく

　本書を執筆している 2023 年の春現在、炎上しやすい題材と言われているのが**ジェンダー系の話題**です。男性と女性についての社会的役割の違いに言及し批判を浴びたり、LGBTQ に関して誤った知識を発信して非難されるケースなど、頻繁にその炎上が話題になっています。

　しかし、実際に社会には異なった性である男性も女性もトランスジェンダーの方も存在します。その中でどのような話題が非難されているのか、実例を見てみましょう。

**例：寝具販売店が「女性には睡眠環境のサポートが必要」と発信**

「女性は家事全般に時間を割かれており、その結果、睡眠時間を削られている」と受け取られるような表現で SNS に発信し、自社で扱っている商品のプロモーションを行ないました。この投稿に対し、「家事は女性がするもの」という価値観を押しつけていると批判が殺到。謝罪とともに投稿は削除されました。

**例：女性向け雑貨店で企画商品に記載されている文言によって炎上**

　恋愛に関する言葉を掲載した企画商品を販売。「女心は秋の空」「女の敵は女」などと記載されている商品画像を SNS に掲載。「現代の状況では時代遅れだ」「性的差別を助長する」などとの批判が殺到し謝

罪。商品の販売は中止に追い込まれました。

## 例：ベビー用品取り扱い店。母親の育児に関する動画を投稿

　自社商品の広告動画を SNS に投稿。家事をこなしながら育児をする母親を描いたものでしたが、「ワンオペ育児」への賞賛だと非難され炎上しました。動画には父親役の登場が一瞬であったことも指摘され、批判の声はさらに大きくなりました。

## 例：メーカーがカミングアウトデーに便乗投稿

　性的マイノリティの人がその理解と権利を求め社会意識の変化を促すための「国際カミングアウトデー」に、あるメーカーが SNS に投稿しました。

「#国際カミングアウトデー なので、○○（商品名）の、みんなが知らない特徴を教えちゃいます!!　実は……」

　マイノリティの人にとって重要な意味を持つ日について「軽率にカミングアウトという単語を使わないでほしい」と批判され、炎上状態となりました。企業側からはその後謝罪があったものの、SNS 上では「たかがそれぐらいで批判するのは言葉狩りではないか」「本当の意味での多様性が定着するのはまだまだ先のことですね」などの議論が活発に行なわれました。

　ここで紹介した事例以外にも、ジェンダー系の話題による炎上やトラブルは現在も頻発しています。私がサポートしている企業から、「女性向けに、自分がどの家事に向いているかがわかる診断クイズをつくって発信し、SNS アカウントを活性化させたい」と相談され、全力でストップしてもらうよう説得したことがあります。

年配の男性が主導して進めるプロジェクトなどでは、現代の社会に発すると反感を買うような内容で計画されることがしばしば起こります。そして、発案者の影響力が大きい場合には、反対されることもなくそのまま世に出てしまい、トラブルになることも少なくありません。

　性について触れることを避けられない業種もあります。トラブルを避けるためには、まず類似のトラブルの事例を知っておくことです。また、**発信する前の草案の段階であらゆる立場の人に内容をチェックしてもらう**のもよいでしょう。

▲

# SNS外部の事象が要因で トラブルが発生した場合 の対応

▲

# 企業の役員が
# 外部の講演で失言

...

👍 💬 ↪

　ある企業の役員が社外の講演会に登壇しました。この役員は歯に衣着せぬ言動で特に若い人から評価されており、月に何度も外部で登壇する人気講師でもありました。

　問題になった日の講演会では聴衆の反応もよく気分も高まったのか、女性を揶揄するような内容を発言しました。「マーケティング施策を検討する時にはいつも、何も知らない若い女性に対してあらゆる手段で洗脳し、中毒にさせてしまうことを考えている」という主旨の発言でした（実際はもっと過激な内容でしたが、ここではこの記載に留めます）。

　当日、会場では奔放な講師のキャラクターもあいまって、この発言についても笑いが起こるような雰囲気であったようです。しかし講演終了後、聴講者より「あの表現は不適切であったのではないか？」とクレームが入ります。また、別の聴講者が講師の発言内容をSNSに投稿し、大炎上に至ります。

> 自分たちのことをそんな風に思われていたなんてショックです。大好きだったんですがもう二度と利用しません。

広告とかもすごく好きでイメージがよかったのですが、裏ではそんなことを考えていたんですね。

このような批判が殺到しました。

企業側も素早く対応しました。翌日には企業のサイトに謝罪文が掲載されます。あわせて担当役員の解任と代表者の報酬減額、さらには直近に予定されていた新商品の発表イベントが中止されます。さらに他の企業の社外役員にも名を連ねていた当該役員は、すべての企業から役職の任を解かれることとなりました。軽いノリで発した言葉の代償はとてつもなく大きいものとなりました。

この事象、そもそもの発言が問題であったのですが、炎上後の各処分内容を見ると、企業側はできる限りの事後対応は行なっているように見えます。しかし、あまりにも言葉のインパクトと批判の声が大きかったため、その後数週間にわたって店舗に直接苦情の電話がかかってくるなど、収束までに時間を要した事例でもありました。

## ▼昔の感覚で発言すると炎上する

ジェンダー系に関するSNSトラブルの特徴は多くのケースで、発信元が若手ではなく、ある程度キャリアのある年配の男性であることです。

残念ながら、以前の日本では現在の価値観から見ると、女性の権利を踏みにじると判断できるような言動が許容されていた時期があり、当時の感覚で行動・発言する人が今でも一定数います。一時メディアを賑わせた、若い女性アスリートの所持物を口に含んだ年配男性の例

などは典型的です。

　本事例で問題となった講師も例に漏れず、各業界でキャリアを積んできた男性でした。**過去には同様の発言をしても問題になることがなかった、あるいは現在でも仲間内では問題にならない（と自分たちは考えている）ような内容の発言**でも、公の場で発言するとトラブルになるケースがあることを知っておく必要があります。

　SNSの発言だけでなく、公の場や密室での面談・商談時の発言、あるいはLINEやチャットツールでのやり取りがSNSに転載され、炎上するケースを上げると枚挙にいとまがありません。SNSへの投稿内容だけでなく、普段のコミュニケーションから発言内容に気をつける必要があります。

　また特に年配男性は、自身の感覚が現代の感覚とズレていないのかをあらゆる手段で情報収集しながらチェックする必要もあります。

# 社用車によるトラブル

　企業名が記載されている社用車による、交通違反や煽り運転に関するトラブルが絶えません。SNS が普及する以前から存在した問題だと考えられますが、**ドライブレコーダーやスマートフォンをほぼすべてのドライバーが利用している状態となった現在**、社用車に関するさまざまな問題が人目にさらされることとなっています。

## 社用車によるトラブル①　運送会社トラックの煽り運転

　一般の乗用車が車線変更しようとした際、後続の運送会社のトラックから激しくクラクションを鳴らされました。その後トラックは乗用車の前にまわり込み、車線変更を妨害したり直進を遮るように停車するなど、危険な運転を行ないます。トラックの運転手は最終的に、公道に無理やり乗用車を停車させ車外に出るよう恫喝まがいの要求をしました。その場は警察の仲介で事態は収束したものの、乗用車のドライブレコーダーには一部始終が録画されていました。

　乗用車の運転手はドライブレコーダーに録画されていた動画を、「危険なので本当にやめてほしい」とコメントを付記し SNS に投稿しました。動画は短時間で拡散され、被写体であったトラックの特徴などから運送会社が割り出されます。また、拡散された動画がテレビ局の知るところとなり、ニュース映像として採用されます。

運送会社名はまたたく間にSNSで広まり、通常業務が麻痺するほど苦情の電話が続きます。

　各方面からの批判を受け、運送会社は謝罪の声明をウェブサイト、プレスリリース欄で発信しました。

・運送会社という公道を利用して利益を得ている立場で絶対にあってはいけないこと

・当該社員に厳正な処分を行なうこと

・全従業員に公衆マナーの再教育を行なうこと

　などが記載されており、その後数日で騒動は収束しました。

### ▼社用車によるトラブル②　社用車による歩行者妨害

　地方の信号がない片側一車線の一本道。ドライブレコーダーを搭載した一般車からの映像は、ドライバーが横断歩道を渡ろうとしている歩行者を発見し手前で停車する様子が映っています。停車した直後に一般車の左から、歩行者が渡ろうとしているにもかかわらず猛スピードで追い抜く1台のワンボックスカーが映りました。歩行者がワンボックスカーの存在に気づき立ち止まったためにことなきを得たものの、一歩間違えれば人身事故の危険があることが映像から読み取れます。そして、ワンボックスカーの側面には地方で有名な店舗の名前が書かれており、誰でもひと目で店舗の配達車であることが識別できました。

　道路交通法で定められている「信号のない横断歩道で歩行者が待っていた場合は停車しなければならない」「追い越しは右側から」などの規定を明確に違反していることがわかるドライブレコーダーの映像が、SNSで拡散されます。例によって、ワンボックスカーを保有し

ている店舗に対して SNS では批判が多数投稿され、店舗には苦情の電話が殺到します。店舗側では批判を受けてウェブサイトに謝罪文を掲載します。

弊社グループの従業員が運転する配送車が信号のない横断歩道で、側道を通過しながら危険な運転で歩行者の進行を妨害する運転をいたしました。大変申し訳ございませんでした。

この謝罪文に対して SNS 上ではさらに一般ユーザーからの批判が書き込まれます。

通過したのは側道ではなく路側帯です。はっきり映像に映っています。

側道と記載することで事態を矮小化していませんか？

担当者にはもう運転はさせないですよね。

その後店舗側から目立った動きはなく、事態は徐々に収束します。しかし数ヶ月経過後も店舗では、社用車の運転講習が実施されているのか問いただす電話がかかってくるなど、騒動の影響を完全に消すことはできていない状況です。

## ▼社用車によるトラブル③　信号無視であわや人身事故

繁華街の大通り、ドライブレコーダーの映像には信号が黄色から赤に変わり、歩行者が横断歩道を渡りはじめる瞬間が映っています。ド

ライブレコーダーを搭載している車の左側から、背面に清掃会社の社名が記載された車がスピードを上げて走り去ります。その先には横断歩道を幼い子どもが走って渡ろうとする様子が見えます。

　幸い、子どもと接触することなく車は走り抜けます。しかしこの運転を問題視した録画をしていた運転手が、SNSに一部始終の動画を下記のコメントをつけて投稿します。

> ○○（社名）さん、営業車で信号無視し、危うく子どもを清掃し
> かける。

　またたく間に動画は拡散されます。動画は投稿されてから1時間弱で数十万回再生されるなど、時間を追うごとに事態はエスカレートします。事態の重大さに気づいた企業はサイトに謝罪文を掲載しました。あわせて、謝罪文全文をスクリーンショットで撮影した画像を、各SNSにも投稿します。

　謝罪文面には、該当する従業員はすでに特定済みであり、本人はじめ全従業員に改めて徹底的に交通安全指導を行なうことと、危険な運転を行なったことを警察に報告することが記載されていました。
　一時は爆発的に批判が書き込まれましたが、騒動開始後すみやかに再発防止方針を発信したことによって、比較的短期間で騒動は収束しました。

　しかしこの企業、以前にも社用車の荒い運転についてSNSで言及されており、改善を図る最中でのトラブルでした。繰り返される騒動によって、一度定着した評判は現在でも回復することはないようです。

# SNS担当者がコントロールできないトラブル

👍　💬　↪

　今も昔もビジネス活動にトラブルはつきものです。しかし以前は、その現場にいた人や直接被害を被った人しか詳細を知ることはなく、トラブルの詳細が人目にさらされることはありませんでした。しかし現在、**100%近い普及率となったスマートフォンに搭載されている**カメラによって、その一部始終が記録されます。**記録された画像や動画はSNSを通してまたたく間に多くのユーザーの知るところとなります**。企業や店舗でSNS運用を担当している方は、まずこの現状を常に認識しておかなければいけません。

　SNSの投稿やコミュニケーションが発端となるトラブルなら、SNS担当者自身が炎上事例などを参考にして、トラブルが発生しないように注意することができます。しかし、前項、前々項に書いたトラブルの数々は、**SNS担当者が直接防ぐことはできません**。

　役員が公の場で発言する内容をSNS担当者がチェックするような環境は稀です。社用車の交通違反を防ぐよう注意喚起するのは、多くの場合、SNS担当者の職務の範囲ではありません。

　しかし、実際にトラブルが発生すれば最初に情報が拡散するのはSNSであり、**時には公式アカウントから発信されている、まったく関係ない投稿に該当のトラブルについてのコメントが書き込まれるケ**

ースなどもあります。

　しかし、この種のトラブルが発生した場合、社内で最も早く事態に気づける立場にあるのもSNS担当者です。SNS担当者が取るべき行動は、いち早く総務や広報などの関係部門にトラブルが発生していることを知らせることです。続いて災害時と同様に、コミュニケーションを図るための投稿や商品プロモーションに関連した情報発信はいったん見合わせてください。

　**特に、トラブルの内容が多くのユーザーの感情を逆撫でするものであったり、実際に被害者が存在するような事象である場合、日常のスタイルのままSNSを運用すると事態を悪化させる**恐れがあります。

　そして事例で見たように、サイトなどへの的確な謝罪文の掲載や、作成した謝罪文をどのような形態でトラブルが拡散している最中のSNSへ転載するべきか、などを検討します。謝罪文の転載は、サイトにアップした謝罪文の全文をスクリーンショットにしてSNSに掲載する方法や、謝罪文をサイトにアップしたことを告知しリンクを掲載するなど方法はさまざまです。どちらがよいというものではなく告知することが重要ですので、謝罪文の長さなどによって転載方法は使い分けてください。

## ▼事前に防ぐことはできる！

　そもそも、**SNSに無関係な場でのトラブルです。SNS担当者には責任はありません。**私も多くのクライアント様とお付き合いする中で、トラブルが発生したことが判明した瞬間に、SNS担当者がパニックになる場面に遭遇しています。しかし、SNS外で発生した事象によ

るトラブルの責任は担当者の他にあることは明確です。冷静に状況を見ながら、トラブルの鎮静化に集中してください。

　では、SNS外で発生するトラブルをいかにして事前に防止するのでしょうか。詳細は後述しますが、ポイントは**普段からの徹底した事例共有**です。

　SNS外で発生するトラブルは、ほぼすべて「この程度のことがSNSでの炎上につながるとは思わなかった」「リアルな場での出来事がSNSで拡散されるとは想像できなかった」という認識の甘さから生まれたものです。炎上を防止するためには事例の共有が鉄則です。

# 無敵のスクリーンショット

···

👍 👎 ↪

本章では SNS の外で発生するトラブルが、SNS を通して炎上など
のトラブルにつながるケースを見てきましたが、リアルな世界だけで
なく、SNS 以外のスマートフォンアプリが発端となるケースも多数
発生しています。SNS と連動していないアプリでも、倫理的・道徳
的に問題のある言動はスクリーンショットという機能によって SNS
に転載され拡散されます。具体的に発生した事例をいくつか紹介しま
す。

## ◤企業から就活中の学生に送信されたメールの
   スクリーンショットが炎上

某企業に入社を希望し、会社説明会への参加を応募していた学生に
企業からのメールが届きました。学生が日程等の案内かと思い開いた
ところ、このような内容が記載されていました。

> 外国籍の方はビザ等の関係から内定が出ても入社できない可能性
> がある。よって応募はキャンセルの扱いにする。

この学生は母親がヨーロッパ出身。幼い頃から外見や本名から外国
籍と間違えられることがあったそうなのですが、国籍は日本にあり、

日本の学校を卒業した純粋な日本人でした。顔写真は会社説明会への申し込み段階では提示しておらず、一部カタカナで表記する名前を企業側には伝えていました。この名前を見た採用担当者が外国籍だと判断し勇み足となったのです。ましてや、多様性を重視する昨今の現状を鑑みると、日本国籍でなくても平等に機会は与えるという姿勢を見せるべきなのですが。

　怒った学生はこのメールのスクリーンショットをSNSに掲載。外国籍であることを排除する採用体制について批判が殺到しました。この騒動を受けて企業が調査した結果、同様に国籍の問題から説明会への参加を拒否していた学生が一定数いることが判明します。企業ではこの事象を受け、一方的に受付段階から国籍を判断し参加を拒否するという対応を改善することを明らかにしました。

## ▼店舗からの暴言DMを受けた顧客が
## 　スクリーンショットを投稿し炎上

　ある個人経営の飲食店に訪れた顧客が、店員の言動に不満を感じてInstagramに投稿しました。顧客が投稿してから数時間後、顧客のアカウントのDM受信箱に飲食店のアカウントからDMが届いていることが通知されました。顧客は「お詫びかな？」と思いDMを開いたところ、その真逆の内容が記載されていました。

> こんな投稿をしてどうなるかわかっているのか。店主は反社会的勢力ともつながりがある。自宅を割り出すことも簡単だ。これ以上の手段を取られたくなければ、さっきの投稿を即時削除するように。

予想外の対応に驚いた顧客は、DM が削除されても証拠として残るようにスクリーンショットで画像を保存します。そして X に画像をアップします。

> 自分の投稿は確かに大人気なかったかもしれない。でも反社会的勢力の存在をチラつかせて脅迫するようなお店、やっぱりもう行きません。

　当然、店舗に非難が集まります。SNS での炎上だけでなく、興味本位で店員や店舗の画像を撮ろうとする野次馬が実店舗に集まります。もちろん店の評判は急降下。売上も激減し、数ヶ月後には閉店に追い込まれました。

　そのほか、スマートフォンのスクリーンショットが発端となるトラブルは今も続々と発生しています。部下にセクハラまがいの LINE を送り続けた文面が SNS に公開され懲戒処分を受けた管理職。取引先の従業員との不倫関係が明らかとなる DM のスクリーンショットにより職場を追われた若手会社員。取引先に深夜や休日にも高圧的な文面をチャットで送り続け、スクリーンショットが拡散されて猛批判を浴びた大手企業の従業員。
　**あらゆる場面でスクリーンショットはトラブルの発生源となっている**のです。

## ◥ 根本的な炎上の要因をつぶしておく

　まずあなたに理解してほしいのは、スマートフォンや PC の画面に

## スクリーンショットを恐がる前に

Instagram、Facebook、X など SNS の投稿や
ダイレクトメッセージ、メールやチャットの文面は

**スクリーンショットされれば
画像となり、拡散されやすい！**

> 予防策
>
> **根本的な要因となる「トラブルの種」を見つけてなくすこと！**

表示される内容は、すべてスクリーンショット機能を利用すれば画像
データとして保存される可能性があるということです。

　X、Instagram、Facebook など、各種 SNS のダイレクトメッセージ、
メールやチャットの文面などは、直接 SNS のフィードに転載できる
機能はありません。しかし、**ひとたび画像として保存されると容易に
拡散される**ことは、ここまでの事例で見てきた通りです。

　スクリーンショットを用いた炎上に巻き込まれないための対策とし
ては、拡散されては困るような内容の文面は、DM やメールで送信し
ないということになります。対面で直接伝えるか、電話などで伝える

のが安全です（それでも録音された音声が SNS に投稿されるケースもありますが）。

　しかし小手先の手段だけでなく、**そもそも拡散されたら困るような内容を自分以外の他人に伝えることそのものが根本的な要因**です。採用基準に国籍要件がある、店舗に来た顧客に威圧的な言動をとる背景がある、セクハラやパワハラをしている、これらの規程や行動は SNS での炎上以前の社会的行動に関連する問題です。

　その事実がある限り、関係者がなんらかの形で告発されて問題となる可能性は残ります。SNS での炎上対策だけを施したところで根本的な要因が消滅するわけではありません。

　まずは抜本的な問題解決のために、自身の周辺にトラブルの種がないかチェックすることをおすすめします。

# トラブルの影響度によって
# 更新停止を検討する

　SNSでのクレームなどが拡散し、炎上に近い状態になった時には、いったん更新を停止することをおすすめしています。

　しかし、実際にトラブルが発生した場合、どの程度のクレームなら更新を停止するべきか、逆にどの程度なら気にせず普段通りにSNS運用をしてもいいのか、判断に迷うケースがあります。

　すべての業種のすべてのケースに適用できるルールを示すのは難しく、現実的にはケースバイケースで方針を決定するべきである、というのが実情です。しかし、あなたのお店や会社がトラブルに巻き込まれた時に参考になるよう、目安として以下の内容を確認しておいてください。

## 「被害」の大きさ

　**「人の健康や命にかかわる内容」が発端**となっている場合は、言及しているユーザーの人数にかかわらず、いったんすべての更新を停止するべきです。特に飲食店や食品メーカーなどで顧客に提供した商品に瑕疵があるような言及があった場合は、事実確認が完了するまでは普段の投稿はストップし、事態の説明に特化するべきです。

## ▼言及数・言及しているユーザーの数

　SNS の更新をストップするか否かは、基本的には言及されている内容によって判断するべきであり、「数」をもって判断するものではありません。クレームを書き込んでいるユーザーがひとりであっても、対応するべき内容はあります。逆に、いくら多数のユーザーが言及していても対応の必要がないケースもあります。

　例えば、「より落ち着いた雰囲気で大人の空間を提供したい」という店主の信念により入店する顧客に年齢制限を設けている場合に「年齢制限は撤廃するべきだ」などのクレームが一定数書き込まれたとします。この内容だけでは SNS の更新をストップする必要はありません。店のコンセプトに合わないユーザーと正面から議論しても合意点はありません。クレームに対して店の考えを説明するかしないかの判断をしながら、普段通りの運用をしても問題ないと私は考えます。

　しかし、一定の言及数になると自分が想像しないような誤解をもって該当する内容に言及されていることがあります。
　例えば、先ほどの年齢制限の例で言うと「子育てをするお母さんのことを考えていない」「こういう店が少子化を助長する」など、店主が一定の層の人に対してなんらかの差別意識を持っているような思ってもいない方向で悪評が広がっているケースなどもあります。こうした場合はいったん普段の投稿をストップし、店主の考えを丁寧に説明することを検討するのがよいケースもあります。

## ▼従業員の身に危険が及ぶような内容の場合

　頻度が高い事象ではありませんが、時には**従業員に対しての殺害予告や、企業に対しての爆破予告**など、過激な内容がSNSや掲示板などに書き込まれることがあります。

　内容を問わず、従業員や店舗・企業に対して脅迫めいた文言が書き込まれた場合は、いったんすべての更新をストップして対応を検討してください。緊急を要する場合には警察への通報なども選択肢に入れて行動してください。

　また、直接顧客と接する業種の場合、**名札を見て店員のSNSアカウントなどを検索して勤務時以外の行動まで把握され、ストーカー被害**にあうようなケースも発生しています。店員への被害を防ぐために、昨今では名札に本名すべてを記載せず、アルファベットのイニシャルのみを表記する場合もあります。

**7章**

▲

# 従業員や顧客の
# 不用意な発信による
# トラブル

▲

事例1

# バイトテロ・従業員による不適切な行動

...

👍 💬 ↪

SNSが普及して以降、「バイトテロ」などと呼ばれる、従業員による行動や投稿が発端となる炎上が頻発しています。さらに利用されるSNSの変遷や機能の進化とともに、炎上のパターンも変化しています。

## ☑不動産会社の従業員が、著名人の来店を投稿

不動産仲介業者の社員が自分個人のアカウントを使い、著名人夫婦が来店したことをXに投稿しました。

著名人名は伏せられることなく、マスメディアで馴染みのある芸名を記載し、

> 今日○○と○○（著名人の芸名）の夫婦が来店！　家賃50万円の物件を案内しました！　びっくりした！

このように、個人情報管理の意識が極めて低い内容の発信をします。当然この投稿には批判が集まりました。

> 有名人だと信頼している不動産屋さんに簡単にプライバシーを漏らされてしまうんですね。

こんなことされたら有名人はどこにも住めなくなる！

御社にはコンプライアンスという言葉はないのですか？

　全国に店舗を展開しているチェーン型の業態であったため、騒動の翌日には自社サイトにて謝罪文が掲載されます。しかし、企業側が認めて謝罪したことにより、「書き込まれていたことは事実である」と情報漏えいを裏付けることとなります。論点は社員の不用意な行動から企業の姿勢に移り、その後数週間にわたって批判が続くこととなりました。

## ▼飲食店の従業員が、食材を不適切に扱う動画を投稿

　チェーン飲食店の従業員がまな板で調理中の食材を突然持ち上げます。そしてその食材を生ゴミを廃棄するゴミ箱に投げ入れ、すぐに取り出し、またまな板の上に乗せ、何もなかったかのように調理を続けます。

　一部始終を撮影したこの動画は、当初、公開範囲が限定されている従業員個人の Instagram アカウントで投稿されました。24 時間で投稿そのものが消滅するストーリーズ機能を使用しています。おそらく従業員本人は、多少問題のある動画であることは認識しつつも、動画を見ることができるのは閲覧権限のある友人のみであり、閲覧期間も制限されていることから、その後の展開を甘く見ていたのでしょう。

　投稿当日は友人から「バカなことをするなよ wwww」など、投稿した従業員の予想通り、親しい関係ならではのやり取りが続きます。

しかし一夜明けると事態は一変していました。

　深夜、従業員の投稿を閲覧が可能な友人のひとりが「より多くの人にこの"おもしろい"動画を見せよう」と、ストーリーズが再生されている画面をスクリーンレコードで保存し、Xに転載しました。この友人のXアカウントはフォロワーが50名ほどしかおらず、普段の交流は知人のみでしたが、非公開設定にしておらず誰でも投稿を閲覧できるようになっていました。投稿した直後から不衛生な行動に対する批判と拡散がはじまります。投稿した本人が慌てて元の投稿を削除するも後の祭り。動画を保存したユーザーが友人のアカウント名を付記して新たに動画を投稿し、大炎上状態となりました。

　投稿した従業員が起床すると、すでに動画からXアカウントを割り出されており、大量のDMが送りつけられていました。そこには従業員の実名や勤務している店舗などが記載されており、初めてことの重大さに気づいたのです。

　チェーン本部ではサイトに謝罪文を掲載。店舗では発端となった動画を投稿した従業員を解雇。さらに損害賠償なども請求したと報道されています。Instagramのストーリーズなら見られる範囲は限定されていると油断したことから発生した、典型的なバイトテロ事件となったのです。

## ▼誤爆（アカウントを誤って投稿）

　従業員が個人アカウントで発信しようとした内容を、企業の公式アカウントで誤って発信してしまい、炎上するケースも多発しています。

　大手旅行会社の公式アカウントが著名アーティストに対して「でぶ」と、ひと言のみ返信し炎上しました。のちに企業側から謝罪投稿があったものの「なぜこのような書き込みが行なわれたのか調査しています」との文言の記載があり、ユーザーからは「明らかに誤爆だろう」とさらなる批判を浴びました。

　地方のマスコミの公式アカウントから、特定の政党に対して批判する内容の投稿が発信されました。「バカ」「カス」などの過激な表現が用いられており、SNS界隈は騒然となります。企業側からは該当する政党に正式に謝罪が行なわれました。さらにこの投稿を発信した社員は解雇処分になることもあわせて発表されました。

　地方で複数店舗を展開しているチェーン店の公式アカウントから、突然、地域政治の不満を語る内容が発信されました。普段は「ですます調」で丁寧な言葉を使って発信されていたアカウントから、突然「オレはあんなヤツに任せていたら○○（県名）は落ちぶれると思っている」と、乱暴な口調で批判を展開します。該当の投稿はすぐに削除され「担当の個人的な見解であった」と誤爆を認め謝罪しました。
　しかし、企業の管理体制について非難が殺到、さらに削除された投稿文のスクリーンショットが心ないユーザーによって拡散され、数万件の関連投稿が殺到し、謝罪後も数日間にわたって継続する炎上となりました。

# 顧客の不適切行動

···

👍　💬　↪

近年、SNSでの顧客の迷惑行為動画の問題が深刻になっています。店舗側の不手際から顧客より報復されるようなものではなく、顧客の自己顕示欲から発生するケースが多いため、企業側ではその防止と事後対応に悩まされています。

## ▶飲食店でSNS投稿のために来店する顧客の入店を禁止

各SNSで影響力を持つインフルエンサーが来店し、長時間座席を確保、大声で話し他の顧客に迷惑をかける、店の備品を無許可で触るなどの行為を繰り返し、自撮り動画や画像を撮影しました。撮影された動画や画像は数日後公開されたのですが、他の顧客の顔がプライバシーに配慮した処理などなく映り込んでいるなどの問題があり、被写体となっていた顧客や同時間帯に来店していた顧客から苦情が店舗に寄せられる事態となりました。

また、同店舗の常連客からも「**週一で通ってたのに、こんな行為を認めているならもう行くのはやめる**」「**当時店にいたが、不愉快なので帰った**」などの声がSNSに書き込まれます。

常連客からの書き込みがきっかけとなり、インフルエンサーへの批判が殺到し同店舗に注目が集まる状況となりました。

当初、現場で戸惑っていた店員も、この騒ぎを受けて店舗で運営していた **SNS アカウントで方針を発信**することとなりました。

SNS や YouTube でご紹介いただくことはうれしいのですが、他のお客様のご迷惑になることは本意ではありません。今後は SNS に掲載するためにインフルエンサーさんや YouTuber がご来店される際には必ず事前にご連絡をいただき、他のお客様のご迷惑にならないよう手配いたします。事前にご連絡がなかった場合、店内での動画撮影は一切禁止いたします。

方針を SNS で発信し、店舗でも掲示して以降、この店舗では大きなトラブルは発生していないそうです。しかし、インフルエンサーや YouTuber による公共の場での迷惑行為やモラルを度外視した行動はその後も引き続き問題となっています。

## ◥顧客による迷惑行為が拡散

2013 年、10 代の少年が回転寿司店で醤油差しの注ぎ口を口でくわえた自撮り画像を撮影し、SNS に投稿しました。フォローしていた知人が「次に使う人のことを考えたほうがいいよ」などと切迫感のないコメントを書き込み、一部ユーザーの間で「不謹慎だ」と批判を浴びました。

続いて店舗に対して、「この醤油差しは洗浄したのか」「顧客の行動を管理できないなら備品の設置について検討したほうがよいのではないか」などの批判コメントが書き込まれます。店舗側では批判に対応

し謝罪文を掲載します。

> お客様に安心してご利用いただけるよう、当該行為に関して法的対応を含め厳格な対応を検討します。

その後詳報がメディアに掲載されることはありませんでしたが、少年の保護者との和解が成立しているとのちに公表されました。当時は投稿したユーザーよりも、被害を受けた店舗側への非難が多かったことが特徴的な事象です。

そして10年後の2023年、酷似した事例が発生します。同じく回転寿司店で10代の少年が、商品を顧客へ運ぶレール上の食材や取皿などの備品に、立て続けに自身の唾液を塗りつける動画がSNSに投稿されました。

このケースもまたたく間に動画が拡散されます。それだけでなく、映像をもとに店舗が特定されます。さらに動画を投稿した少年のアカウントの過去の投稿から、通っている学校や行動エリアだけでなく、実名や住所までもが数時間のうちに特定されました。

学校へは苦情の電話が殺到します。少年本人は自宅から出ることもままならず、最終的には自ら退学することを余儀なくされました。店舗に対しては保護者とともに謝罪に訪れたものの、受け入れられることはありませんでした。さらに店舗側のSNSやウェブサイトでは「当該行為については法的措置を取る」と発表されました。

## ▼迷惑行為や悪ふざけが拡散され続ける世界

　この2つの事象を見ると、極めて類似した事件が10年の時を経て発生したことがわかります。その間にも他に顧客による迷惑行為や悪ふざけがSNS上を賑わせるケースは数え切れないほど発生していました。それらの騒動の発端となったアカウントを運用していたユーザーは実名が拡散された事例もあり、その後進学や就職などにも大きな影響を与えていることがメディアでも報じられていました。また、若者だけでなく30代以上の社会人の行為によって炎上し、キャリアの中途で路頭に迷うケースもあります。

　それにもかかわらず、**知人の中で目立ちたい・動画の再生回数を増やしたいなどという安易な動機**での迷惑行為はなくなることがありません。迷惑行為による炎上がもたらす事例を知ることがなかったために、10年後にほぼまったく同じ行為による炎上が発生するケースもあるのです。

　行為の舞台となった店舗以外でも、店員の目が届きにくい場所にある調味料や食器などを撤収するなどの対処するケースも増えているようです。

　しかし、根本的に同様の行為を起こさせないためには、就学している子どもたちや企業内の従業員に対して、迷惑行為によって炎上し、キャリアに影響を与えた事例を伝えておくことが必要です。**一時の自意識を満たすために人生を台なしにすることなどあってはならない**のです。

# 従業員教育の重要性

...

👍 👎 ↪

　勤務中はもちろん、勤務外の時間においても、従業員が SNS に投稿した内容が原因となって大きなトラブルが発生し得ることはここまで見てきた通りです。そして**自社の従業員が SNS で大炎上するほどのトラブルに巻き込まれると、勤務先である企業にも影響が及ぶこと**もご存じの通りです。

　規模の大小を問わず、従業員を雇用している企業においては、そのリスクがあることをまずは理解しておく必要があります。


　炎上などのトラブルは、**その時々に流行しているメディアでの発信が発端となっている**ことが特徴としてあげられます。また、それぞれのメディアの機能によって炎上の経路も異なってきます。

　例えば、X（当時 Twitter）の普及初期は、X で投稿されたものが X 内で拡散されるというシンプルな経路でした。その後 Instagram が登場しストーリーズ機能が搭載されて以降は、ストーリーズに投稿された動画が X に転載されるという経路が目立つようになります。その後は TikTok で投稿された動画が X で拡散されるという経路も近年では珍しくなくなっています。

　今後もまだ見ぬ新たに登場するメディアによる新しい情報拡散経路が生まれ続けることが容易に想像できます。

　一方で、**投稿されている内容自体は同種のものが繰り返されています**。従業員が発信した投稿が炎上するものとしては、不適切に食材を扱うもの、著名人を含む顧客のプライバシーを漏洩したものなどが炎上のきっかけとなるケースが頻繁かつ定期的に発生しています。

　同様に、顧客による不適切な行動が引き起こす炎上もパターン化しています。回転寿司店での顧客の不適切行動が発端となったトラブルが象徴するように、**酷似した行動による炎上が10年以上前から継続していることに、私たちは問題意識を持つべき**です。社会全体で取り組むべき課題ではありますが、まずは自社の従業員には教育や研修を通して、本書に記載したような炎上事例の発信元にならないよう徹底する必要があります。

## ▼従業員教育が大切

　そこで、教育や研修の一環として**具体的な炎上事例の解析と共有を行ない、それらがなぜ問題となったのか、どのようにしてそれらの問題を回避できるかについて学ぶことが重要**となってきます。

　また、それらの事例がもたらした影響を詳細に伝えることで問題行動を抑止することも必要です。店舗の閉鎖に追い込まれる、商品の製造を休止せざるを得ない状態になる、従業員として多額の賠償金を支払う事態に陥る、就職や転職時に圧倒的に不利な立場となるなど、組織や個人に致命的な影響があることを知っておくべきです。

　**自身の行動が個人だけでなく企業全体に影響を及ぼすこと、そしてその結果、自分自身のキャリアにも影響を及ぼす可能性があることを理解させること**が求められます。

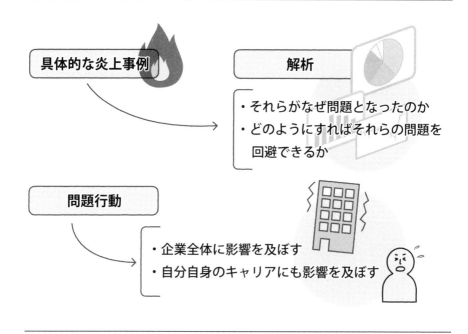

従業員教育で伝えたいこと

**具体的な炎上事例**

**解析**
・それらがなぜ問題となったのか
・どのようにすればそれらの問題を回避できるか

**問題行動**
・企業全体に影響を及ぼす
・自分自身のキャリアにも影響を及ぼす

　本項の冒頭で伝えたように、炎上経路やパターンは時代によって変遷します。数ヶ月前には問題がなかったような行動も、今は大問題になるようなケースもあります。一方で、年月が経過しても変わらない本質的な部分もあります。

　根本的に、SNSで炎上するしないにかかわらず、問題となるような行動をしないことを伝えることが必要です。

　**本質**と**流行**、2つの要素を中心に最新のトラブル事例とその根本原因を定期的に従業員と共有し、従業員と組織を守りましょう。

# 従業員個人アカウントの扱い方

　企業の公式アカウントだけでなく、従業員個人が運用しているアカウントでの行動がきっかけとなり、数多くの炎上が発生していることはここまで見てきた通りです。従業員の SNS での行動から発生する思わぬトラブルを防ぐためにも、企業は対策を施しておく必要があります。

　SNS が普及し、従業員や未成年者によるトラブルが世間を騒がせはじめた当初、一部の企業では従業員に対して SNS の利用を禁止するよう指示するケースもありました。しかしその後、会社から禁止されている中で SNS アカウントを黙って運用している社員が炎上するケースが多発します。この場合、企業側から見ると「SNS の個人利用を禁止しており個人は利用していない」という前提のもと、事態への対処がスタートするため、トラブル処理の初動から後手を踏むこととなります。結果、SNS 禁止令がない状態よりも大きなトラブルへと発展するケースが増加してしまったのです。

　なので、まずは「**SNS を禁止する**」ことは現実的ではなく、むし**ろリスクが高くなる**と理解してください。SNS が普及し 10 年以上経過した現在、学生時代から知人などと交流している SNS アカウント

を持ってる従業員もいれば、職務とは関連のない趣味の話題で情報を発信し、一定の影響力を持っている従業員もいます。仮に「今日からプライベートでSNSを運用することを禁止する」と伝えたところで、全員が従うと考えるのは幻想でしょう。

**「従業員はSNSを使っている」。そのことを前提に企業にとって最悪の事態を招かないよう対策を施しておく。**これが現代のSNS利用シーンに合った対応であると私は考えています。そこでここからは、従業員の個人アカウントからトラブルが発生しないよう、いかに対策するべきかを考えてみましょう。

## ◤従業員個人アカウントへの対策

まず、職務に関係のない完全なプライベートアカウントについてです。**プライベートなアカウントの場合は、とにかく不道徳な行動を記録した画像や動画をアップしないよう、徹底して伝えるべき**です。前項で記載したように、過去に炎上した行動は、時間を置いたのちに他のユーザーによって繰り返される傾向があります。どんな炎上事例があるのか、そしてその後炎上したユーザーはどういう末路を辿ったのかを定期的に伝えます。自身の人生にどのような影響を与えるのかを伝えることが、企業だけでなく従業員本人を守ることになります。

また、**アカウントのプロフィール欄には勤務先などは記入しないように伝えて**ください。これは個人アカウントからの投稿をきっかけに問題が発生した際に、企業に影響が及ばないようにするという意図もあります。その一方で、個人アカウントの言動から思わぬ批判を浴びることを避けるためでもあります。例えば、自社が世間に謝罪するべ

き事態が発生し対応している最中、勤務先を明らかにしている個人ア
カウントでの投稿が問題となる場合などです。「旅行をしている」「飲
み会に参加している」など、通常時では問題のない投稿でも「あなた
の会社が問題を起こしている時に楽しんでいる場合ではないだろう」
などのコメントが書き込まれることがあります。

## ▼ビジネス目的で運用するアカウントへの対策

そして、営業や人事などを担当している従業員が、自社のビジネス
に貢献するために個人アカウントを運用するケースについても、一定
のルールを設定しておくことが必要です。

まず、**SNS に書き込むべき内容とそうでない内容を正確に見極め**
る必要があります。過去に人事担当者が発信した投稿が炎上したケー
スがありましたが、以下のような内容でした。

> 給与や待遇で企業を選ぶ方は採用したくない。

> 人事という仕事は"採用してはいけない人"をふるいにかける仕事
> だ。

**企業の採用担当者が、人を選ぶ側の特権意識を持っているという印**
**象を SNS ユーザーに与え、悪い意味で大きな話題**になりました。
また、面接の現場でのやり取りや昇降格についての内情を発信し、
情報管理体制を問われたケースなどもあります。

外部の取引先との接触が多い営業などの職種でも、トラブルが発生

する場合があります。**成約前の取引状況を投稿したり、取引先に訪問した際に知った非公開の情報などを投稿し問題になったものなど**、機密情報についてのトラブルは後を絶ちません。

　私の知人で、ある企業に商談目的に訪問した直後に、

> 今日の交渉は好感触だった。成約間違いなし。

と書き込んだケースがありました。この時に訪問先企業の担当者が投稿を見て**「軽々しく交渉の経過をSNSで発信するような方と取引はできない」**と、交渉を打ち切られるという結末が待っていました。

　従業員が個人名で発信することで、企業内で働いている人間の生の声を世間に届けることができます。メリットも多く、私も数多くの企業に従業員が実名でSNSを運用することを推奨した経験があります。**しかし企業の看板を背負っている以上**、発信する内容には注意が必要です。当然ながら不道徳な内容を発信することは言語道断です。さらに、取引先の承認を得ずに提携内容を公表したり、人事に関するデリケートな内容を投稿することは、トラブルに直結することを周知しておかなければいけません。

　プライベートであれ業務の一環としてであれ、従業員が個人でSNSを利用することを前提として**「運用ポリシー」**を作成し、共有しておくことをおすすめします。従業員の個人アカウントからトラブルが発生することを防ぐための指針となります。記載するべき内容を次ページにまとめます。これらの内容を整備し、正規雇用者だけでな

## 「SNS 運用ポリシー」に記載すること

| | |
|---|---|
| **禁止事項** | 誹謗中傷や飲酒運転などの問題行動、機密の漏洩など、禁止事項を記載します。 |
| **著作権・肖像権についての注意事項** | 他人の著作物の転載や無許可で他人の画像を投稿するなどの行為が法的な問題に発展する可能性があることを記載します。 |
| **個人情報についての注意事項** | 従業員自身を保護するための項目です。自宅や職場近くの画像や動画を投稿することの危険性など、身元を特定されないための運用について記載します。 |
| **勤務中の利用について** | 「勤務時間内はプライベート用 SNS の利用禁止」「休憩時間のみ利用可」「内容などに注意を払えば勤務時間内でも可」など、社内規則などに応じて明示します。 |
| **業務目的利用について** | 自社業務のプロモーションのために従業員個人のアカウントを利用することについて記載します。業務目的での利用を許可する場合は、届け出の有無についても記載します。 |
| **問題発生時の対応について** | 従業員の個人アカウントで問題が発生した際の報告先を明示します。 |

くアルバイトやパートの人などとも共有してください。

　ポリシーを共有することが重要である一方で、ポリシーを読んだだけでは何を投稿したらどんな影響があるのか、具体的にイメージすることが難しい面もあります。そこで本書で繰り返しお伝えしている「定期的な事例の共有」が重要となります。SNS でのトラブル事例を見ていると、従業員の個人アカウントが発端となるものが定期的に発生していることがわかります。それらの事例を従業員と定期的に共有し、自社で同様の事態が発生しないようにしてください。

# 誤爆は防げるか？

...

　本来、個人アカウントから発信するべき内容の投稿を企業アカウントから発信してしまうなど、アカウントを誤って発信することを通称「誤爆」と呼ばれ定着しています。

　個人アカウントで発信しようとしたあいさつ程度の内容が、誤爆によって企業アカウントから発信されても大きな問題にはなりません。しかし、個人の偏った思想が企業の公式アカウントから発信されたり、ビジネスの場にふさわしくない言葉を使ってSNSに投稿されたケースでは、大きなトラブルとなり批判されるケースが過去に繰り返されてきました。

　本章でも紹介しましたが、実際に誤爆が大問題となったケースとしては以下のようなものがあります。

・本来中立であるべきマスメディアのアカウントから発信された特定の政党への政策批判
・大手企業のアカウントから、突然の著名人への誹謗中傷
・芸能人のアカウントから発信された、ライバルタレントへの痛烈な批判（タレント本人であると公表していないプライベートアカウントから発信するはずだった投稿を誤って投稿）

　誤爆が発生する原因は言うまでもなく**「単純ミス」**です。スマートフォンでアカウントが切り替えられていないまま、投稿したり、PCのブラウザで企業アカウントを操作したまま、個人アカウントであると勘違いして投稿することによって誤爆が起こります。

　対処法としては**「気をつける」**しかありません。しかし、人間の行動にはミスがつきものです。どんなに注意していても、同じスマートフォンやPCで個人アカウントと企業アカウントを切り替えて利用している限り、誤爆というミスを100%完全に防ぐことは不可能です。そこで私は、クライアントに次のような対策を推奨しています。

## ▼企業アカウント運用専用のスマートフォンを準備する

　普段利用しているスマートフォンとは別に、1台もしくは担当者全員分、**"企業アカウント運用のためだけのスマートフォン"**を用意してもらいます。企業によって、もともと配布されたスマートフォンで業務連絡等に利用しているケースもあれば、個人のスマートフォンを業務用にも利用しているケースなどさまざまです。

　しかし、普段利用しているスマートフォンで、アカウントを切り替えながらSNSを運用することが、誤爆が発生する要因であることはここまで見てきた通りです。

　であれば、企業アカウント専用のスマートフォンを持つことで物理的に発信する端末を限定し、アカウント切り替えの操作自体を不要にしてしまおうという施策です。

　当初はどのクライアントも「めんどくさい」「複数台のスマートフ

ォンを持たせることは経費的にも見合わないのでは」と、あまり乗り気ではないことが多いものです。そのめんどくささを優先したばかりに誤爆が発生するというリスクを理解されれば、納得して専用スマートフォンを準備するという流れになります。

ちなみに、準備するスマートフォンは、この施策のために新たに購入する必要はありません。以前利用していた**古いスマートフォンを利用しても問題ありません**。新たに回線契約をする必要もなく、Wi-Fiで接続できる環境であれば問題なく利用できます。

## ▼PC ではブラウザを切り替えて利用する

企業アカウント専用のスマートフォンを準備するのと同じ考え方です。現在、SNS を含むインターネットの各種サービスを PC から利用するには、Google の Chrome や Apple の Safari、Microsoft の Edge などさまざまなブラウザを利用することになります。

PC を使っている社会人であれば、普段使い慣れているブラウザでメールやチャットなど内外とのコミュニケーションや、自社サイトの管理などに利用されていることでしょう。

ここでスマートフォンの場合と同様、同じブラウザでアカウントを切り替えながら SNS を運用していると誤爆の原因となることは、ここまで読み進めていただいている読者の方ならご理解いただけるはずです。よって PC での誤爆防止対策は、**SNS 運用のための専用ブラウザを設定し、そのブラウザから投稿をはじめとしたすべての SNS に関する操作を行なうこと**です。

どのブラウザを SNS 専用とするかはあなたのお好みで結構です。企業によっては Google アカウントを使って日常の情報共有などをし

ているために、業務で利用するブラウザは Google の Chrome などに
指定しているケースもあります。

　その場合は、SNS を操作する際のみ、ブラウザは Microsoft の
Edge にすることなどをおすすめしています。Edge を開いているこ
とと SNS を操作していることを意識として直結させるようにします。
普段使っている Chrome では、各 SNS のサイトにアクセスさえしな
いようにしておき明確に用途を分け、絶対に誤爆が発生しないように
しておくのです。

　将来的には、明らかに普段と異なる内容の投稿をしようとした場合
には AI によって内容が判定され、警告が表示される機能も付与され
る可能性もあります。しかし、いかにテクノロジーが発達したと言っ
ても、誤爆による騒動が定期的に発生している現在では、物理的にア
カウントを操作する端末やブラウザを分けておくことが、誤爆を避け
る最も効果的な方法であることは間違いありません。

# SNSトラブルを
# 未然に防ぐ

# トラブル発生のメカニズム

　ここまで数々の炎上・トラブルの事例を見てきました。ここでは、現在どのような流れで炎上が発生しているのかを改めて確認してみましょう。

　まず、SNSのトラブルには、企業の外部から発生するものと内部から発生するものの2種類が存在します。

### 【外部から発生するトラブル】

　従業員の対応や不道徳な行動へのクレーム、企業の不祥事や役員の発言に対する批判などが外部から発生するSNSのトラブルです。SNS担当者が企業アカウントでの発信内容に注意していても防ぐことはできません。オンライン上ではなく、リアルな事業活動の延長線上で発生するものです。

### 【内部から発生するトラブル】

　自社の公式アカウントから発信された内容が批判を浴びて炎上するケースが代表的です。それ以外にも、従業員の個人アカウントから発せられた、いわゆる「バイトテロ」や、従業員が職務時間外に投稿した不道徳な内容がきっかけで炎上するケースも該当します。

　明らかに炎上しうる内容の投稿が発信されても、そのすべてが炎上するわけではありません。一部の一般ユーザーが多少反応するのみで収束するケースもあります。

　しかし、いわゆる炎上、数万人のユーザーが当該の投稿を閲覧し批判が殺到するケースでは、共通した大きな特徴があります。それは、**影響力が大きいアカウント、いわゆるインフルエンサーによって拡散がはじまる**ことです。

## ▼拡散目的で炎上しうる投稿を探している

　インフルエンサーは、著名な文化人や芸能人であることもあります。また、**炎上の可能性が高い投稿ばかりを探して転載している、影響力が大きい匿名アカウント**であることもあります。

　後者の場合、Instagram のストーリーズ、TikTok、X、その他あらゆる SNS や動画サイトから不道徳な行為を記録した投稿を常に探しているようです。そして探し出した投稿を X に転載することによって、一気に数千・数万のユーザーの知るところとなります。

　一度拡散がはじまった投稿は、ほかのユーザーによってスクリーンレコード機能などで複製され拡散されます。最近の事例では、ひとたび炎上がはじまると、**複数のアカウントから同じ内容の投稿が繰り返し投稿される**ことも特徴のひとつです。

　他のユーザーによる複製と拡散によって炎上がはじまると、元ネタとなった投稿が削除されても鎮静化させることは極めて困難になりま

す。また、複製され拡散された画像や動画にはネタ元となったユーザーのアカウント名も映り込んでいます。そのため直接ネタ元のアカウントにアクセスしDMを使って批判するなど、ユーザーの行動はエスカレートします。

その結果、ネタ元となった企業や個人に大きなダメージを与えることになります。場合によっては人間の命にかかわる事態にまで発展することもあります。


もちろん、不道徳な行動を行なったからといって、その行動を起こしたユーザーをよってたかって非難誹謗することは許されることではありません。しかし、顔を見せず実名を公表せず、安全な場所から卑劣な攻撃を仕掛けてくるユーザーが大量に存在することは、数々の炎上事例から認めざるを得ません。

SNSを利用している企業としては、この点を十分に理解した上で情報発信する必要があることを、いまいちど認識してください。

# 隠蔽は最悪手

・・・

👍 💬 ↱

　隠蔽行為は SNS ユーザーが最も嫌う行為であり、発覚すれば格好の炎上ネタとなります。

　本書を執筆している最中にも、隠蔽していた事実が発覚し炎上する事態が続発しています。近年発生した、隠蔽行為が発端となった炎上事例をいくつか例を見てみましょう。

## ▼飲食店で異物混入騒ぎを隠蔽

　飲食店で提供された料理に大きな虫が混入していました。顧客が店員に指摘したところ謝罪を受け、すべての食材をチェックするために当面閉店すると説明されました。しかしいったん店舗のシャッターは閉じられたものの、数時間後には何もなかったように営業が再開されていました。

　最初に虫の混入を指摘した顧客はその対応に不審を抱き、提供された時に撮影していた料理の画像を SNS に投稿します。当該店舗では炎上を招いたために再度閉店。ほかに数十店舗あったすべてのチェーン店も当面休業する事態となってしまいました。

　のちに本部の社員が店舗に確認したところ、滅多に発生する事故で

はないので特に本部に報告せずに営業を続けてもバレなければよいと考えていたそうです。

チェーン本部では、食材の性質上、同様の事故が発生する可能性があると判断し、全チェーン店で1週間の営業を自粛しました。そして再開時には同種の料理の販売をストップすることとなりました。

## ◤ 学校で部活顧問による暴行を隠蔽

高校の体育会系の部活で顧問が部員を暴行する動画がSNSで拡散されました。この拡散によりSNSを利用している多くのユーザーが暴行行為の存在を知るところとなります。

騒ぎを受け、暴行を受けたとされる生徒が謝罪動画をアップします。動画の内容は「暴力は日常的なものではない」「今回は自分たちに責任がある」「顧問には指導に対し感謝している」「この謝罪動画は自分たちで自発的に撮影した」というものでした。

ところがこの謝罪動画、実際には顧問の指示で撮影され、投稿されたものであったことが他の生徒の告発によって発覚します。顧問が生徒に責任を押しつけたことが大きな批判を浴び、再び炎上。顧問であった教師は退職に追い込まれました。

## ◤ 企業役員が交通トラブルを隠蔽

ある企業の役員が交通事故を起こしたため、警察へ届け出たのちに相手方の運転者と和解・示談が成立しました。事態はこれで終結を迎えるかに見えましたが、その数週間後に事故直後の様子を撮影したドライブレコーダーの動画がSNSで拡散されます。そこには車から降

りて一方的に激しく相手を罵倒し、さらに相手の車を傷つける役員の姿がありました。

　動画のインパクトが強烈であったため、たちまち動画は拡散し炎上します。さらに、社内や相手方に事故の件を他言しないよう依頼した文書が存在したことも内部告発によって発覚し、炎上の勢いは大きくなり企業幹部としての責任が問われることとなりました。当該の役員は辞職を余儀なくされます。のちに企業側から、この事象についてのお詫びと新しい体制による組織変革の具体策が提示されました。

## ▼隠蔽はほぼ成功しない

　SNSで話題になった事象は、その裏にある事情を隠蔽しようとしても、**発覚せずに終わる可能性は低く、また発覚した時のダメージは計り知れません**。状況がどれだけ複雑であっても、事実を公にすることでトラブルの範囲を最小限に抑えることができます。

　それにはまず、**問題が発生した時点で判明している事実を可能な限り開示し、必要に応じて適切な対応を取る**ことが求められます。例えば飲食店のケースでは、虫が混入した事実を隠すのではなく、即時に公表し、全チェーン店で食材のチェックを行ない、再発防止策を明示することで、信用を回復し事態を収拾することができるでしょう。

　また、自身の誤りを認め、改善策を提案し、その実行を公にすることで、一時的な信用失墜から立ち直ることができます。教師の例では、暴力行為を認め、教育環境の見直しを公約し、具体的なアクションを取ることで、信頼の回復も可能であったのではないでしょうか。

さらに、企業役員のケースでは、事故後の行動や示談の経緯を開示し、役員の処分や再発防止策を明示することが求められます。企業の品格や価値観が問われる時には、組織全体がその問題を受け入れ、改善に向けて行動することが最善の策です。

　SNSが普及した現代においては、情報はまたたく間に広まります。**一度失った信頼を取り戻すには時間と労力がかかります**。だからこそ、**透明性と誠実さ**が求められるのです。最終的に、事実を認め、適切に対処することが最良の選択であり、それが最終的には信頼を獲得し、維持することにつながります。

　SNSがなかった時代には、よい悪いは別として、「隠蔽」という行為には一定の効果があったのかもしれません。しかしSNSが普及し誰もが情報を発信できる現代では、隠蔽した側の意図通りにことが運ぶことはありません。居合わせたユーザーから、簡単に隠していた事実が明らかになりますし、内部告発もあり得ます。

　自分にとってどんな不都合な情報でも、隠し通すことは難しいことを理解しましょう。そしていかなる不都合な事実であっても、**他人にその事実を発信される前**に、事実は事実であると認めての言動を意識しましょう。

# ソーシャルメディア
# ポリシーをつくろう

👍 💬 ↪

　ソーシャルメディアポリシーとは、企業や組織がSNSを使用する際のガイドラインや規則のことを指します。ソーシャルメディアポリシーは、社内の従業員に対してだけではなく、企業がどのような方針でソーシャルメディアを運用するのかを外部に向けて公表することに利用される場合もあります。

　ソーシャルメディアポリシーを作成し共有しておくことによって、**自社のSNSに対する考え方を従業員に浸透させ、トラブルを防止**できます。作成したソーシャルメディアポリシーのPDFデータや印刷したものを従業員に配布し、常に閲覧できる状態にして共有します。配布時に要点を口頭で伝達するとなおよいでしょう。また、**外部に自社の方針を発信しておくことによって、コミュニケーションの行き違いなどから生じる誤解からトラブルが発生することを防ぎ**ます。

　例えば、公式アカウントにコメントが書き込まれた際に、「すべてのコメントに返信はできない」と記載しておくだけでも、望まない議論の発生を防ぐことができる場合もあります（例えば、「なぜ他の人には返信しているのに自分のコメントにだけ返信がないのだ」などと因縁めいたクレームが書き込まれるケースなどがあります）。

ソーシャルメディアポリシーを作成すれば、即トラブルが根絶できるかというと、もちろんそんなことはありません。日頃から情報共有や従業員教育を行ない、さらに公式アカウントでの振る舞いを正しく行なうことが必要です。しかし、ソーシャルメディアポリシーを通して基本的なルールを伝えておくことによって、従業員の意識を高められることは間違いありません。

　私はクライアントに、**外部向け・内部向け双方のソーシャルメディアポリシーを作成**することを強くおすすめしています。また私が代表を務めている資格講座「SNS マネージャー養成講座」では、ソーシャルメディアポリシーの作成と提出を必須の課題としています。
　ではどんな内容を記載したらよいのかをお伝えします。

## ▼外部向けソーシャルメディアポリシー

　自社の公式アカウントをどのような方針で運用するのか、社外のユーザーに知らせる目的で作成します。文書やデータで保存し、ウェブサイトで公開するケースもあります。記載する項目は下記の通りです。

### 【ソーシャルメディアポリシー公開の目的】
　ポリシーを公開することによって、方針を世間に周知することを目的として記載します。

### 【ソーシャルメディア運用の目的】
　自社の商品やサービスを SNS ユーザーに広く知ってもらうこと、顧客の意見を取り入れて商品開発に反映させること、自社の考えを正確に公表することなど、自社の SNS の運用目的を記載します。

## 【ソーシャルメディア運用方針】

　コメント対応の有無、発信した内容に誤りがあった場合や批判があった場合の対応について、キャンペーンなどを実施した際の個人情報の扱いについて、などを記載します。

## 【その他】

　運用しているアカウント一覧、SNS運用についての問い合わせ先などを記載します。

　検索エンジンで「ソーシャルメディアポリシー」と検索すると、さまざまな企業で公開されているものを閲覧することができます。他社ではどのようなポリシーを作成しているのか見ておきましょう。

# ▼内部向けソーシャルメディアポリシー

　公式アカウント運用の注意事項や、従業員がプライベートアカウントを運用する際のルールなどを記載します。外部に公開するものではなく、従業員間で共有するものです。

## 【ガイドラインの目的】

　公式アカウントや従業員のプライベートアカウントの運用において、トラブルが発生しないために周知する旨を記載します。

## 【ソーシャルメディアの概要】

　ソーシャルメディアに対する知識は従業員によって異なります。トラブルが発生しないよう最低限の知識を記載します。

## 【禁止事項】

誹謗中傷や飲酒運転などの問題行動、機密の漏洩など禁止事項を記載します。

## 【著作権・肖像権についての注意事項】

他人の著作物の転載や無許可で他人の画像を投稿するなどの行為は法的な問題に発展する可能性があることを記載します。

## 【個人情報についての注意事項】

従業員自身を保護するための項目です。自宅や職場近くの画像や動画を投稿することの危険性など、身元を特定されないための運用について記載します。

## 【勤務中の利用について】

「勤務時間内はプライベート用 SNS の利用禁止」「休憩時間のみ利用可」「内容などに注意を払えば勤務時間内でも可」など、社内規則などに応じて明示します。

## 【業務目的利用について】

自社業務のプロモーションのために従業員個人のアカウントを利用することについて記載します。業務目的での利用を許可する場合は、届け出の有無についても記載します。

## 【問題発生時の対応について】

従業員の個人アカウントで問題が発生した際の報告先を明示します。

## ソーシャルメディアポリシーの内容

**外部向け**

| |
|---|
| ソーシャルメディアポリシー公開の目的 |
| ソーシャルメディア運用の目的 |
| ソーシャルメディア運用方針 |
| その他 |

**内部向け**

| |
|---|
| ガイドラインの目的 |
| ソーシャルメディアの概要 |
| 禁止事項 |
| 著作権・肖像権についての注意事項 |
| 個人情報についての注意事項 |
| 勤務中の利用について |
| 業務目的利用について |
| 問題発生時の対応について |

　作成したソーシャルメディアポリシーはそのまま長期間放置しておくと、時間の経過とともに企業の方針に沿っていない内容になるケースがあります。例えば、以前はリスク管理に重点をおき積極的にSNS を活用していなかったが、現在は公式アカウントなどで常にSNS を活用してる場合などには、数年前に作成したポリシーでは適切に SNS を運用できなくなる場合があります。トラブルのパターンも日々新しくなります。定期的にポリシーの内容を見直し、適宜修正してください。

## トラブル防止の万能薬は 「事例共有」

　ソーシャルメディアポリシーの作成や社員教育など、SNSでのトラブルを企業が回避するための施策については、これまでお伝えしてきた通りです。しかし、ポリシーなどの文面をすべての従業員が隅から隅まで読み、記憶している状態を求めるのは現実的ではありません。

　すでにみなさんの会社でもさまざまな社内規程が存在するはずですが、詳細な内容はおろか、それら規程の存在を知ってる方はそれほど多くないはずです。研修で教えられた内容にしても、日々直面している業務についての内容なら思い出す頻度も高く記憶に定着しますが、SNS炎上防止研修など注意喚起的な内容のものは、**時間が経過するとともに記憶が薄くなることは否めません。**

　そこで、最も効果的にSNSの危険性を認識してもらえる手段である、**定期的な事例共有**が重要となります。SNSの炎上やトラブルは、日々ネットニュースで話題になっています。こちらから積極的に炎上ニュースを収集しなくても、SNSのフィードを眺めているだけで目に飛び込んできます。それらのニュースをわかりやすくまとめて従業員や関係者と共有することで、トラブルを防ぐことができます。

　共有の手段としては、炎上している内容が記載されているニュース

記事などのリンクを知らせるだけでも何もしないよりは効果があります。しかし、より効果を上げたいのであれば、以下のようなポイントを押さえておいてください。

## ▼発生した事実を簡潔にまとめる

まず、いわゆる 5W1H です。**誰が、どこで、何をしたからトラブルになったのか**、簡潔に記載します。SNS で炎上する事例は、ほぼすべてが「この程度のことで炎上するとは思わなかった」と発信者が考えていたことからはじまっています。どのような行動から炎上が発生しているのかを、実際に発生した事例で従業員に知らせておきましょう。

## ▼トラブル後の経緯を記載する

炎上が起こったあと、発端となった個人やその勤め先に何が起こったのかを記載します。役員の解任、従業員本人の解雇、店舗や工場の閉鎖、その後就職が困難になったことなど、わかる範囲でできるだけ具体的に記します。軽い気持ちで起こした行動が、広範囲に大きな影響を与え、時には人生を棒に振るケースがあることを事実として認識してもらいましょう。

## ▼短時間でもよいので時間を取って口頭で伝える

まとめた内容をデータや紙にまとめて従業員に配布するだけでは、正確に情報を共有できている状態とは言えません。情報を配布されたすべての従業員がしっかり目を通してくれていればよいのですが、現実はそうではないことのほうが多いものです。配布物を見ることもせず放置した経験は、あなたにもあるのではないでしょうか。

しかし、ここで作成したトラブル事例集の内容を知っているかそうでないかによって、企業の将来や従業員自身の人生に大きく影響を与える可能性があります。知らないことによるデメリットは計り知れません。

1回の共有のために何十分も確保する必要はありません。5分程度でも十分です。打ち合わせや定期ミーティングの冒頭に少し時間を取るだけでも構いません。作成した事例集をもとに、何が起こって、そのあとどうなったかを、口頭で伝えるようにしてください。

## ▼ 定期的に共有する

SNSのトラブルは年月が経過するとともにその形態も変わります。SNSが普及しはじめた当初は、文字のみの投稿によって炎上することが主な炎上の形態でしたが、現在ではスマートフォンで撮影された動画が発端になるケースが激増しています。また、ユーザー自身が発信した投稿が直接拡散されるのではなく、他のユーザーが元の素材をコピーし転載することで炎上するケースも多発しています。

利用されているSNSも時間の経過とともに変わります。

また、ジェンダー系の話題が発端となる炎上が増加するなど、トラブルが発生するバリエーションも増えています。**最新のトラブル形態を知り、同様の行動を起こさないよう周知する必要があるのです。**

トラブル情報を共有する間隔は短ければ短いほどよいのですが、少**なくとも3ヶ月に1回程度は事例集の作成とそれを従業員と共有する時間を確保してください。**

## ▼事例を蓄積しておく

いわゆるバイトテロなど、10年前に発生した事例とまったく同じパターンでのトラブルが現在も繰り返されています。炎上の経路や内容は時代とともに変わっている部分もありますが、炎上が発生するきっかけとなる行動は根本的に変わらない部分もあります。

定期的に従業員に共有するために作成した**事例集は蓄積しておき、いつでも閲覧できるようにしておきましょう**。代表的な事例をまとめてひとつのデータにしておくのもよいでしょう。

## ▼SNS運用に携わらない従業員とも共有する

SNSでのトラブルは、企業の公式アカウントからのみ発生するものではありません。従業員のプライベートアカウントから発信されたものや、SNS外の行動が他のユーザーに撮影され、トラブルに発展するケースもあります。また、役員による不用意な発言が大きな問題となることもあります。

ですから、トラブル事例は役員からアルバイト・パート社員まで、場合によっては外注している企業や個人事業主までと共有し、自社に関わる人や企業が発端となるトラブルを徹底的に排除しましょう。

本書はビジネスで利用する人を対象に記載しています。しかしこの事例の共有は、未成年者の明るい将来を守るために、学校や家庭内でお子様向けにも実施することをおすすめします。

# 過度な誹謗中傷に対する手段を知っておく

👍 💬 ↪

　SNSでは自社や自社の従業員に対して、匿名のユーザーによって誹謗中傷するような書き込みが行なわれることがあります。程度や状況にもよりますが、営業活動に支障をきたす内容であったり、従業員の安全に脅威を与えるようなものであった場合、企業としてどのように動くべきなのかを知っておきましょう。

## 【記録の保存】

　誹謗中傷にあたる投稿の内容や相手ユーザーについての情報を保存してください。投稿の日時、投稿のURL、投稿者のユーザー名などを記録しておいてください。投稿文や添付されている画像や動画も保存しておきましょう。また、投稿が削除される可能性もありますので、スクリーンショットを撮影しておくことも有効です。

## 【プラットフォームに報告】

　ほぼすべてのSNSにある"他のユーザーを報告する"機能を活用しましょう。例えばXでは、特定の投稿の他にも攻撃的なユーザーを報告することもできます。また公開されている投稿内容だけでなく、個別に届いたDMについても報告できます。

## 【弁護士に相談する】

　誹謗中傷が企業の評判やビジネスに大きな影響を及ぼす可能性がある場合は、法律の専門家に相談することも検討してください。付き合いのある弁護士がいるなら、まずそちらに相談してみましょう。

　SNSのトラブルについて特化して活動している弁護士も存在します。地域の専門家を検索エンジンなどで探してみるのもよいでしょう。投稿者の特定やその後の法的処理についても、適切なアドバイスや支援を受けられることが期待できます。

## 【相手ユーザーとの対話を試みる】

　安全性が担保されている場合に限りますが、相手と直接対話することで解決への突破口が開けることがあります。直接コミュニケーションを図る中で、相手方の明らかな誤解などが悪評拡散の発端となっていたことがわかったケースなどもあります。

## 【公式な声明の発信】

　誹謗中傷に対する公式の回答を準備し、SNSやサイトで公開することも検討してください。企業側から該当する事象に関しての事実を明らかにし、支持してくれている層に対する信頼性を保つためのひとつの方法です。

## 【根本原因の解消】

　SNSでの悪評は、自社の活動が原因である可能性もあります。ある企業から私に相談があった例の中に、「自社の強引な営業活動についての風評がSNSで飛び交っている。これをやめさせることはできないか?」いうものがありました。

実際に SNS で検索すると、大量に当該企業の営業行為に関する書き込みがありました。しかし気になる点があったので、念のために担当者に確認しました。

筆者：「書き込まれているような営業行為は実際に行なわれているのでしょうか？」
担当者：「ノルマも高く設定しており営業方針については厳しく指導しています」

　クライアントの営業方針にまで意見をすることは、私の職務としては越権行為です。しかしこのケースではあえて、「厳しい方針で指導し、営業職従業員への強いプレッシャーを与えていることが、悪評が発生する原因になっている可能性が高いのではないか」と伝えました。

　プラットフォームへの報告や法律家への相談をもって、直面している悪評に対処することは可能かもしれません。しかし、**悪評が発生する根本原因を解決しない限り、完全に払拭できない場合もある**ことを知っておいてください。

# 一般ユーザーとの コミュニケーション

　SNS でコメントが書き込まれたり、他のユーザーによる自社に対する言及があった時には、積極的にコミュニケーションを図りながらアカウントの影響力を高めるべきであると、私はいつもクライアントに伝えています。ただ、見知らぬ匿名ユーザーとコミュニケーションを図る前に注意していただきたいポイントが2点あります。思わぬトラブルを避けるためにも以下の項目を押さえておきましょう。

## ✅相手が普段どのような発言をしているユーザーなのか を確認する

　初めてコメントや返信などでコミュニケーションを取るユーザーの場合、交流する前に相手が普段どのような言動をしているユーザーなのかを確認してください。不適切な言葉遣い・攻撃的な投稿・極端な意見などがここ最近の投稿の中で見られないかをチェックします。

　例えば、政治的に偏った発言を繰り返しているユーザーと好意的にコメントをやり取りしていると、同じ政治思想を持った企業であると非難される場合があります。

　また、手当たり次第に著名人などを対象として罵倒するような発言を繰り返しているユーザーなどとも交流を控えるべきです。

　他者の発言を切り取って引用し、さも自身の考えが優れているよう

な投稿を繰り返しているようなユーザーも、交流するメリットはあり
ません。

普段の投稿だけでなく、各 SNS のプロフィール画面に問題のある
内容が記載されていることもあります。コメントを返す前にどんな方
針で運用されているアカウントなのかも確認するようにしましょう。

上記のようなアカウントと公開の場で交流していると、不道徳なユー
ザーに対し好意的に接している企業であるという印象を他のユーザー
に与えます。

## ▼議論をしない

ブログやウェブサイトなどと比較すると、SNS は短い文章や動画・
画像などビジュアルコンテンツの発信が主たる表現手法です。従って、
ある事柄の詳細までをひとつの投稿で伝えることは難しいという側面
もあります。時には他のユーザーが、発信者の意図と異なる受け止め
方をすることも珍しくありません。例をあげてみましょう。

ある企業の経営者が「自社では従業員をのびのびと自由に管理せず
働いてもらうことを心がけている」といった内容で投稿しました。
　それに対して、「従業員管理は徹底するべきだ。厳しく管理するこ
となく企業が発展することなどない」というコメントが書き込まれま
した。
　最初に投稿した経営者は、書き込まれたコメントに対して持論を展
開し返信します。これが議論のスタートとなり、延々とコメントの応
酬が続きました。

　やり取りを見ていた他のユーザーからは「もっとやれ、正論だ！」などとポジティブな意見もあったものの、大多数は「言っていることはわかるけど、放っておけばいいのに」「議論を見るのも疲れたのでフォローを外した」などとネガティブなものでした。

　自身の考えや方針に対して反対の立場からの意見があると、相手に理解してもらいたいという気持ちはよくわかります。ただ、SNS は相手の顔が見えず、それがどこの誰かもわかりません。

　**絶対に理解し合えない、かつ今後も接することがないユーザーに対して自身の労力を割くのことは有益であるとは言えません。**さらに議論そのものが他のユーザーによからぬ印象を与えてしまうとなると、まったく無益な行動です。SNS で議論が発生しそうな時には、本書冒頭でお伝えした「スルー力」を思い出してください。

# おわりに

　本書の執筆をはじめた 2023 年初頭より、私の周辺では「ChatGPT」が大きな話題となっています。ChatGPT はご存じの通り生成型の AI ツールで、私もこのツールを利用し、SNS の投稿スケジュールや投稿文、あるいはハッシュタグなどを作成し活用しています。

　画像や動画を作成したり、自動的に顧客からの要望に対応する AI ツールも実用化が進んでおり、近い将来には私の業務も、多くの部分が AI によって行なわれる環境となりそうです。

　本書に記載した最重要かつ最も効果のあるトラブル防止策である「事例共有」についても、自動的に情報を収集し、従業員にデータを配布する仕組みは、AI を使いこなしている方なら今でも構築することはできるはずです。しかし、収集したデータを配布するだけでは事例を共有したことにはなりません。情報を明確に各従業員に伝え、理解してもらう必要があります。そのためには生身の人間が直接、内容を伝える時間を確保することが重要です。

　実際に SNS 上で自社に対するクレームを発見した時にどのような行動を取るべきか、個別の事例を判断して最適解をアウトプットするには、現時点では人間が判断する必要があります。

　一例として、ChatGPT にトラブルの解決策を聞いてみました。

**Q**：自社の社用車が荒い運転をしていると X に書き込まれていました。どのように対処したらよいですか？

回答は以下の通りでした。

**対話する**：投稿者に対してその情報をもとにした対応を伝えます。公開の場での対応を行なうか、ダイレクトメッセージ等で個別に対応するかは、ケースバイケースで判断します。

**改善する**：問題が確認された場合は、その原因を解析し、再発防止策を講じます。運転者への教育や研修、ルールの見直しなどが必要かもしれません。

**報告する**：改善策を実施したあとは、再度Ｘ上で対応したことを報告するとよいでしょう。ただし、これはあくまでもオプションで、公開に適していると判断した場合のみ行ないます。

　回答のそのものは誤りではありません。しかしその内容はあくまでも一般論です。この回答をもって実際にトラブルに直面している企業が、個別の問題に対して具体的なアクションを起こすことは難しいと感じます。

　AIで対応できるタスクと対応できないタスクについてはさまざまなメディアで論じられています。本書の主題である「SNSのトラブル対策」については、現時点では明らかに後者です。あらゆる事例や自身の体験から、目の前の事象に対していかに対応するか。AIの力

を借りることはあるでしょうが、最後に判断し具体的な行動に落とし込むのは間違いなく人間の仕事です。

　SNSに限ったことではありませんが、トラブルやクレーム処理の経験は少ないに越したことはありません。しかし、トラブルに対応した経験が少ないと、実際に問題に直面した時に処理するための知識が少ないという矛盾が発生します。
　そこで本書では、私が実際に経験したものや以前に話題になった事例を可能な限り集め、各章のテーマに合わせて紹介してきました。掲載した事例をもとに、あなたの会社で万が一の事態が発生した時にどうするべきか、参考にしていただけるとうれしいです。

　影響が小さく注目されないものも含めると、今日も明日もSNSのトラブルは生まれ続けています。時間が経過すると、あなたも私も想像しないようなトラブルのパターンが生じることも十分に考えられます。トラブル防止の万能薬は、事例の収集と共有です。常にSNSのトラブルに目を光らせ、新しい情報を収集し続けてください。

　SNSのトラブルについての講演やセミナーを開催していると、多くの中小企業様より「万が一SNSでトラブルが発生した時に、誰に相談したらよいのかがわからない」というお声を頻繁に頂戴するようになりました。
　ある程度大きな規模の企業の場合は専属の弁護士やSNSの専門家

と契約しており、SNSのトラブルについてもリスクヘッジできているケースが多いです。一方、規模が小さい企業の場合は、コスト面など現実問題として常に連絡が取れる専門家と契約することは難しいようです。

　2023年8月より私が代表を務める法人にて「SNS炎上クレームヘルプデスク」（https://webtiger.jp/）の提供を開始しました。会員の皆様には万が一の事態への対応はもちろん、事例の共有や勉強会などを定期的に行ないながら、安心してSNSを利用できる環境をご提供しています。また、私の運用しているX（@onikohshi）で随時情報を発信していますので、興味がある方はフォローしてください。「忙しくて人員も足りなくて事例の情報収集ができない」「SNSを運用しているが何かあった時のことを思うと不安だ」という方のパートナーとして今後もお役に立ちたいと思っています。

　最後に、本書執筆の機会をいただいた同文舘出版の津川様と一緒につくった本書が、多くの方のお役に立てればこれほどうれしいことはありません。

2023年8月

株式会社ウェブタイガー 代表取締役

SNSマネージャー養成講座　代表

田村憲孝

著者略歴

田村 憲孝（たむら　のりたか）

株式会社ウェブタイガー代表取締役
一般社団法人ウェブ解析士協会「SNSマネージャー養成講座」運営代表
2010年より企業や地方自治体向けSNS運用コンサルタントとして活動。大手通信
企業・地方自治体観光施策・著名アーティスト・大手商社・化粧品会社・メーカーなど、
さまざまな業種のSNS運用をサポート。全国各地でSNSの有効活用についての講
演・研修活動も行なっている。2014年よりオンライントレーニングサイト「LinkedIn
ラーニング」にSNS担当トレーナーとして出演。2023年にChatGPTによる業務
効率化サポートと小規模事業者向けのSNSトラブル解決サービスを開始。
著書に『Facebook&Instagram&Twitter広告　成功のための実践テクニック』（ソシ
ム）、『ビジネスを加速させる　Instagramショップ制作・運用の教科書』『世界一わ
かりやすい　ChatGPTマスター養成講座』（共に、つた書房）などがある。

株式会社ウェブタイガー　https://webtiger.jp/
Xアカウント　@onikohshi

※本書は2023年7月現在の情報に基づいて作成しております。本文中の事例につ
いては著者自身の体験ならびに報道された事実等をもとに記載しています。

小さな会社・お店が知っておきたい
# SNSの上手な運用ルールとクレーム対応

2023年9月27日 初版発行

著　者 —— 田村 憲孝

発行者 —— 中島 豊彦

発行所 —— 同文舘出版株式会社

東京都千代田区神田神保町1-41　〒101-0051
電話　営業 03（3294）1801　編集 03（3294）1802
振替 00100-8-42935
https://www.dobunkan.co.jp/